宮里邦雄 かく語りき

労働運動・沖縄・平和

編者――宮里邦雄語録編集委員会

旬報社

序

二〇二三年二月五日に宮里先生が亡くなられました。大脳皮質基底核変性症という進行性の難病でした。発病から一年半の闘病生活で徐々に手、足が動かなくなる、言葉もしゃべれなくなるという痛ましい病でした。コロナ禍の下、事務所員も数度しかお見舞いに行くこともできませんでした。私が最後にお会いした二二年五月には、宮里先生はウクライナの戦争に心を痛め、過去にキエフ（キーウ）を訪問した時のことを話してくださいました。

二月一〇日のご葬儀で、喪主の長男邦哉さんは、ご挨拶の中で次のように言われました。

「父はとても努力家でしたが、最後にそのことを感じたのは危篤となってからでした。二月四日に危篤となりました。医師からは、翌朝まで持たないといわれました。遠くにいる妹と孫が五日まで来られない状況でした。わたしたちは、間もなく、妹たちがつくからと励まし続けました。奇跡的に回復し、妹と孫は父と生きて対面することができたのです。父の家族愛を強く感じました。」

宮里先生の戒名は、「護邦志堅信士」とのこと、邦は邦雄からとったが、法の意味も兼ねると説明されました。法には憲法も含まれていると考えたいものです。

この語録集の作成を思い立ったのは、このご葬儀の日です。ご葬儀の待合会場には、ご遺族の手で、ユーチューブで宮里先生が講演されている生の動画ビデオ（福島みずほさんのフランス政府シュバリエ賞の受賞に対する祝辞、日本労働弁護団の労働運動と憲法・平和に関する講演など）が流されていました。また、朝日新聞の「ひと」欄に宮里先生が取り上げられた記事など、いくつかの新聞記事やお写真がご遺族の手によって展示され、さらにご遺族から宮里先生がつくられていたダジャレや川柳のネタ本まで見せていただくことができました。

宮里先生のご葬儀・告別式は雪の中で執り行われました。南国沖縄宮古島で育った宮里先生を天国に見送る日が雪の一日だったことには、いったいどんな意味があったのでしょう。邦哉さんはご挨拶の最後に「今日は涙雪が降っている。二月に雪が降ったら、父のことを思い出してください。」と話されました。

柩を載せた霊柩車を追うマイクロバスからながめた、降りしきる横殴りの雪、私には、天も私たちと同じように、泣いているように感じられました。そして、その雲の合間に宮里先生の、また冗談で私たちを笑わせようとしている笑顔が見えたような気がしたのです。

雲間より横に振りにしなみだ雪　目には見れども直《ただ》に逢はぬかも＊

（雲の間から横殴りに降ってくる涙のような雪の合間に、私の目には見えるのに、現実にはお逢いできないのが悲しくてなりません。)

そして、折々に、お昼ご飯を食べながら話されたことなども想いだし、みんなが覚えているうちに集めて形にしておかないと宮里先生の貴重な言葉が忘れ去られてしまうように思ったのです。

私が、宮里先生とはじめてお会いしたのは一九八〇年の事務所採用面接の時のことでした。八一年の弁護士登録から四〇年以上、親しく先生のご指導を受けることができたことは、私の人生の宝ものだと思っています。

先生とご一緒に担当した国労の事件の数々、最近宮里先生から乞われてご一緒に担当していた「関西生コンを支援する会」のこと、弁護士なりたての時から関わった社会文化法律センターの活動などはもちろんですが、私はお昼ごはん時に宮里先生が自席におられたら、必ず食事に誘って昼食をともにしていました。そんな時に、時々の政治・社会の話もしましたが、宮里先生の経験されてきたことがらについて、たくさんのお話を聞きました。

占領下の宮古島の映画館でアメリカ映画に夢中になった話、琉球政府の国費留学生としてパスポートをもって東大まで進学したときの長旅のこと、大学時代に参加した安保条約反対のデモで樺美智子さんが亡くなった日のこと、弁護士なりたての頃労働組合のストライキの現場に一人で駆け付けた時の心細かった想い出、毎日のように思いついては事務所員を笑わせてくれたダジャレや川柳の数々、そのネタを仕込むためにつけていたミニノートブック、かわいいお孫さんの自慢話などなど、思い出し始めるときりがありません。

もう、あの笑顔を見ることができないのだという喪失感は、言葉になりません。しかしながら、この語録集の編集作業は、文字の形になってはいるけれども、もうお会いすることができない宮里先生の生の言葉をきくことができ、川柳などを読むと吹き出したくなるような、とても幸せな時間でもありました。

宮里先生の生涯を貫いた労働運動と平和のための努力と温かく愉快な人柄に魅せられ敬愛するみなさんが、この語録を手元に置き、折に触れてページを開いて宮里先生を偲ぶよすがとしていただければ、私たち編集の任に当たった者にとって、望外の幸せです。

二〇二三年七月一日（宮里先生の八四歳の誕生日にあたる日）

宮里邦雄語録編集委員会を代表して
海渡雄一

＊この歌の後半は、万葉集に採録されている、天智天皇が亡くなったときに倭大后（やまとのひめみこ）が詠んだ挽歌「青旗《あおはた》の木幡《こはた》の上をかよふとは　目には見れども直《ただ》に逢はぬかも」巻二（一四八）（青々と繋った木々の上を大君の魂が通うと目には見えるのに、現実にはお逢いできないことです。）を本歌にとったものです。

目次

序……3
第一章　労働者の団結のために〈労働編〉……9
第二章　遠きにありて想うふるさと沖縄・宮古〈沖縄編〉……113
第三章　平和と民主主義を求め続けて〈平和・政治編〉……151
第四章　藤沢周平の洒脱を愛し川柳を自作する〈文学編〉……167
第五章　クラウディア・カルディナーレとモーツァルト、そしてスワローズ〈映画・音楽・野球編〉……187
第六章　ラフテーは豚肉料理の王様〈料理と酒編〉……201
第七章　法と弁護士のあり方を問い続けて……207
第八章　皆様からいただいた語録……233
略歴・著作……250
あとがき……252

［カバー写真撮影：永峰拓也］

第一章

労働者の団結のために〈労働編〉

団結なくして勝利なし　団結なくして解決なし

ＪＲ採用差別とのたたかいは、史上空前の不当労働行為との不屈のたたかいとして、また、攻撃に屈せず、二三年余もたたかい抜き、政治による解決を実現した労働争議として、特筆されることになるだろう。

二三年に及ぶＪＲ採用差別とのたたかいの末に、和解解決をした直後に書かれた論稿です。この国家権力による不当労働行為に対するたたかいが、意見の対立によって解決が困難となるなか、「団結なくして勝利なし」「団結なくして解決なし」と呼びかけ続け、団結を徐々に回復し、ついに解決できたことへの、正直な安堵感が吐露されています。「ＪＲ採用差別とのたたかい――二三年間の軌跡をふり返って」『労働法律旬報』二〇一〇年一〇月上旬号より要約して紹介します。

解雇された国労組合員らは、それぞれの地域において、長期のたたかいに備えるため、「生活とたたかい」を両立させる「組織的自活体制」を確立すべく、一九九〇年一二月、全国に三六の国労闘争団を組織し、国労闘争団全国連絡会議を結成した。

全国各地でたたかいを支援・共闘する「国鉄闘争支援中央共闘会議」（一九八八年一一月結成）、「国鉄闘争に連帯する会」（一九八八年一一月）が結成された。

国労は、東京地裁判決後の一九九八年一〇月ＩＬＯに提訴、ＩＬＯは、一九九九年一一月一八日の第一次勧告後、二〇〇九年三月二七日まで九次にわたる勧告を出し、日本政府に対し、政治的、人道的見地から早期解決を促し続けた。

また、一九九四年一〇月福島県議会が都道府県で最初の「ＪＲ不採用問題の早期解決を求める意見書」を採択、その後一九九五年一二月の北海道議会、一九九八年六月の東京都議会、二〇〇〇年三月の福岡県議会など全国の地方議会で意見書が採択され、全国八三六地方議会に及んだ。

1995年5月21日、日比谷公会堂国労支援集会で演説する宮里弁護士（「東京共同法律事務所新聞」33号、1998年）

国労は、労働委員会闘争を展開する一方で、採用差別は、政治の責任・行政の責任で解決されるべきであると位置づけ、政治解決を求める取組みを行った。

このような取組みのなかで、二〇〇〇年五月三〇日、自民党・公明党・保守党の与党三党と社民党が「ＪＲ不採用問題の打開について」との解決枠組みの四党合意をまとめ、国労にその受諾を求めた。しかし、示された合意は、「国労がＪＲに法的責任がないことを認める」ことを前提とするものであったことから、賛成・反対の対立が生じた。七月一日開催の臨時大会は、執行部提案の「四党合意」の承認をめぐって議場が混乱、休会、八月二六日の続開臨時大会では、直接組合員に賛否を問う「一票投票」の実施が承認されたが、九月二六日から二九日にかけて行われた一票投票の結果は、投票率九八・三％、賛成五五・一％、反対三六・〇％、保留四・八％であった。

二〇〇〇年一〇月の定期大会も、四党合意をめぐって紛糾し、大会は休会。二〇〇一年一月の続開大会で「四党合意」の受け入れが承認されたが、執行部が引責総辞職するなど、国労内部の混乱・不団結が続いた。

このような状況下で、四党合意をまとめた与党三党は、二〇〇二年一二月六日、国労を批判し、四党協議から離脱し、この段階での政治解決は頓挫した。

そうした中、闘争団員のうち四党合意に反発した闘争団員のうち三〇四名は、二〇〇二年一月二八日、独自に清算事業団を引き継いだ日本鉄建建設公団（現独立行政法人鉄道・運輸施設整備支援機構）に対し、清算事業団がなした九〇年四月一日解雇の無効による地位確認請求および採用差別の不法行為に基づく損害賠償請求訴訟（鉄道公団訴訟）を提起し、闘争団員の間にも分裂・対立が生じた。

このような対立は、国鉄闘争支援中央共闘会議とは別に国鉄闘争に勝利する共闘会議が結成されるなど、支援・共闘にも波及した。

二〇〇五年九月一五日、鉄建公団訴訟の東京地裁民事三六部判決が言渡された（労判九〇三号三六頁）。

判決は、解雇は有効として地位確認請求を認めず、採用差別に関しては国鉄に不法行為責任があるとし、原告一人当たり五〇〇万円の慰謝料の支払を命じた。

判決は、採用差別は、組合嫌悪の不当労働行為・不法行為に当たるとしたが、不法行為の具体的内容は、採用候補者名簿に記載しないことによって、採用機会を奪った「期待権侵害」であると捉え、不採用それ自体の不法行為の成立を認めなかった。争点となった不法行為による賠償請求権の三年の消滅時効の起算点については、二〇〇三年一二月二二日言渡の最高裁判決を原告が知った時とし、被告主張の時効の抗弁を排斥した。

国労は、政治解決を求めつつ、裁判提起の方針を決め、二〇〇六年一二月五日、闘争団員五四五名が鉄道運輸機構に対し、採用差別を不法行為として損害賠償請求訴訟を提起した。

混迷と対立が生じていたたたかいは鉄建公団訴訟東京地裁判決を機に、団結の回復と統一へと向かった。

二〇〇六年七月の国労定期大会は、「大同団結」の必要を確認する大会となった。「闘争団・家族はもちろん、ＪＲ組合員、支援共闘が一致団結し、『この時期に政治解決を図る』という共通の目標に向かって奮闘する」との運動方針が決定され、国労・建交労・中央共闘会議・国鉄共闘会議の四団体が結束して全体解決を目指す方針を確立した。以後、採用差別の政治解決を目指すたたかいは、国労闘争団全国連絡会議、鉄建公団訴訟原告団、鉄道運輸機構訴訟原告団、全動労鉄道運輸機構訴訟原告団の四者と国労、建交労、中央共闘会議、国鉄共闘会議の四団体の「四者・四団体」の枠組みで統一して行うこととなった。

私は、四党合意をめぐる国労内部の混乱・対立、そして訴訟提起を機に生じた闘争団内の亀裂には、大変苦慮した。私は、毎年の大会壇上で、「団結なくして勝利なし」「団結なくして解決なし」を叫び続けていたから、四者・四団体が結集し、統一してたたかいを進めることになったことに心から安堵した。

二〇〇六年一〇月には、四者・四団体で厚労省・国交省に「解決にあたっての具体的要求」が提出され、以後解決に向けての要請が粘り強く重ねられていった。

二〇〇八年一月二三日には、全動労訴訟で東京地裁民事一一部が原告に一人当たり五五〇万円（慰謝料五〇〇万プラス弁護士費用五〇万）の支払を命ずる判決が言い渡された。二〇〇九年三月二五日には、鉄建公団訴訟の東京高裁一七民事部判決が言渡された（労判九八四号四八頁）。同判決は、損害賠償額は一審判決どおり慰謝料五〇〇万であったが、国鉄の不当労働行為をより詳細かつ明確に認定した。また、同判決は、損害賠償請求権の時効起算点を「最高裁判決によって救済命令の取消しが確定するまでは、損害賠償請求が事実上可能な状況の下に、その可能な程度に損害及び加害者を知っていたとは言い難い」として、時効起算点を「最高裁判決を知った時」とし、消滅時効の完成を認めなかった。

東京地裁で係争していたもっとも多くの原告をかかえる採用差別国労訴訟は二〇〇九年九月三〇日に結審し、判決は追って通知されることとなった。

各地裁判決についてはそれぞれから控訴がなされ、東京高裁で審理され、鉄建公団訴訟高裁判決についてはそれぞれが上告・上告受理申立をなし、最高裁に係属した。

以上のような裁判をめぐる動向をにらみながら、政治解決への取り組みが粘り強く続けられた。政治解決実現に向けて大きな転機をもたらしたのが、二〇〇九年八月の総選挙による政権交代、民主・社民・国民新党の三党連立政権の成立であったことはいうまでもない。

二〇一〇年三月一八日に、与党三党と旧自公政権時代から政治解決に熱心であった野党公明党の四党が、四者・四団体の解決要求案をふまえて「国鉄改革一〇四七名問題の政治解決に向けて（申し入れ）」を政府に提出する運びとなり、四月八日には政府と与党三党・公明党がJR不採用問題の解決案で合意、四者・四団体がこの解決案を受け入れ、この合意をもとに、最高裁での和解が成立するに至った。

前述したとおり、判決の認容額は、五五〇万が最高（これに不法行為の日である一九八七年四月一日から年五分の遅延損害金が付加される）であり、和解金額は組合員ひとりあたり二二〇〇万円と、判決額を大幅に上回るものである。

振り返れば、JR採用差別とのたたかいは、二三年に及ぶ厳しくかつ困難なたたかいであった。地労委で全面的勝利、中労委でも基本的に勝利したものの、行政訴訟の段階に移るや、地裁、高裁、最高裁と敗訴を重ね、あらためて相手をJRから鉄道運輸機構に替えて、訴訟を提起し直すという、紆余曲折の経過を辿ったたたかいであった。

もともとJR採用差別問題とは、国策の遂行過程で、これに抗してたたかった労働組合を潰そうという政治的な性格をもつものであった。

労働委員会闘争、裁判闘争を通じて、不当労働行為の法的責任を追及し続けるとともに、最終的には、政治の責任で解決されるべき問題であると組合も位置づけていたし、私自身も、常にそのことが念頭にあった。

今回の最高裁での和解が、政治合意に基づくものであることは、問題の政治的性格に照らして、あるべき解決の在り方であったといえよう。

一〇四七名のうち六五名の不採用組合員らが、今回の解決をみることなく、亡くなっていることに、このたたかいの風雪の重みを感ずる。「不当な差別と首切りは認めない」という怒りの原点を忘れず、長い苦難の道のりを歩み続けた闘争団員とそれを支えた家族の熱き心と強い志が解決を実現させた基本的要因である。

しかし、闘争団員だけでこのたたかいを持続させることは困難であった。何よりも、ＪＲに採用された国労組合員が物心両面で今日まで仲間のたたかいを支えた。ＪＲ発足後も、国労組合員に対しては、さまざまな差別が続けられていたから、自らに加えられた差別とたたかいながら、支援・連帯の活動を続けることは決して容易なことではなかった。国労も、動揺や団結上の混乱や対立もあったが、組織の後退を余儀なくされる状況下で、それを克服し、組合として、解決のための責任を担い続けた。

全国各地で多くの支援・連帯・共闘の取り組みがあり、折にふれて、支援集会を開催するなどして、闘争団員を励まし、また物心両面でたたかいを支えた。これほど長くかつ全国的に支援活動が展開された争議は前例がないだろう。

ＩＬＯは、一〇年以上にわたり、九次にわたる勧告を出し、政治的・人道的見地からの解決を日本政府に求め続けた。政府は、決して、公式には、勧告に従う姿勢を示さなかったが、解決への圧力となったはずだ。全国八三六地方議会の一二三二本にのぼる早期解決を求める意見書の採択は、労働争議に関するものとしては異例であり、不採用問題は政府の責任で解決すべき問題であることを指摘する世論を形成した。

東京高裁判決を始めとする、国鉄の損害賠償責任を認める司法判断が解決への大きな圧力となったこともいうまでもない。

さまざまな要因が共鳴して、形成された「ＪＲ不採用問題をこれ以上放置してはならない」「政治の責任で解決すべきである」との内外世論が政権交代を機に解決への大きな流れをつくり、実を結んだのが政治合意とそれに基づく和解であった。

ＪＲ採用差別とのたたかいは、史上空前の不当労働行為との不屈のたたかいとして、また、攻撃に屈せず、二三年余もたたかい抜いて解決を実現した労働争議として、特筆されることになるだろう。

この歴史的なたたかいに弁護士としてかかわり、何とか、その責を果たすことができた今、積年の重荷を降ろした心境である。

ＪＲ採用差別「国家的不当労働行為」との闘いで組合員の原職復帰の要求を実現し得なかったことは省みて返す返すも痛恨の極みである

同じＪＲ採用差別事件について、ここでは、解決から三年から八年と、すこし時間を経過してから書かれ、もしくは語られた言葉を集めてみました。

この中では、国鉄の分割民営化という政策が、国鉄労働運動の解体を目的としていたこと、これと闘う場として労働委員会の場を選択したことが宮里の戦略であったこと、地労委と中労委ではこのような戦略は図に当たったこと、組合員の原職復帰を阻んだ壁は東京地裁労働部による、中労委命令取り消しの判決であったこと、この判決には明らかな理論的誤りが含まれていたこと、そして、ＪＲの使用者責任を否定した最高裁判決に、使用者責任を肯定した二人の少数意見が付されていたこと、そのことが後の鉄建公団（国鉄清算事業団の後継組織）に対する損害賠償訴訟における時効の壁を乗り越えるために力となったこと、そして最後に、組合員の要求を実現できなかったことについて、担当弁護士としての痛恨の思いが吐露されています。まことに、深い理論的洞察と人間的な温かみのある総括であると思います。

本稿は、「不当労働行為とのたたかい――体験的覚書」『労働法律旬報』二〇一三年二月下旬号（一八〇九号）（以下「体験的覚書」）と「ＪＲ採用差別とのたたかい―二三年間の軌跡をふり返って」

『労働者の権利　軌跡と展望』（旬報社、二〇一五年）所収（以下「振り返って」）、「月刊弁護士ドットコム」二〇一八年一一月号（以下「ドットコム」）から抜粋して構成しました。

国鉄とＪＲを法的に分けるトリック

一九八六年一一月に日本国有鉄道の分割・民営化の枠組みを定めた国鉄改革法が成立し、これに基づいて一九八七年四月に国鉄の分割・民営化が実施された。国鉄の分割・民営化に際し、国鉄職員を国鉄の承継法人であるＪＲ各社にどのように移行させるかという問題は、当時国鉄が多くの余剰人員を抱えているとされていたことから、国鉄改革法の立法化にあたっての大きな課題の一つであった。

先行した日本電電公社、日本専売公社の民営化にあたっては雇用が承継されたが、一九八六年一一月成立した国鉄改革法二三条は、国鉄職員の雇用をＪＲ各社に承継せず、国鉄が作成した採用候補者名簿から採用するという「採用方式」を採り、採用されなかった者は、一九八七年四月一日以後国鉄が移行する国鉄清算事業団の「雇用対象職員」になるとした。

一九八七年二月一六日にＪＲ各社の設立委員から採用通知が発せられた。国鉄労働組合（国労）の組合員五〇三七名が不採用となったが、国鉄の分割・民営化に最後まで反対した国労の組合員らと国鉄の分割・民営化に賛成した他労組の組合員との間に、露骨な所属組合間の採用差別がなされた（例えば、北海道の採用率でいうと、国労四八％、全動労二八％、鉄道労連一〇〇％、鉄産労八〇％）。（「体験的覚書」）

労働委員会で闘う

国労は、一九八七年四月、全国一七の地方労働委員会にＪＲ北海道、ＪＲ九州などＪＲ七社を相手に不採用組合員の採用を求める救済申立を行った。

救済対象者の数は、ＪＲ北海道らを相手として北海道地労委に申立てた事件は一七〇四名、ＪＲ九州を相手として福岡地労委に申立てた事件は、四五八名、九州各県地労委全体では、一〇〇〇名余に及んだ。

不採用とされた国労組合員らは、一九八七年四月一日以降は、国鉄清算事業団において、再就職促進措置の対象となったが、これは三年で終了することとされ、一九九〇年四月一日、再就職しなかった者一〇四七名（うち国労組合員は九六六名、他に全動労、千葉動労組合員ら）は全員清算事業団から解雇されるに至った。

国労は、一九九〇年四月の解雇を機に、全国に三六の国労闘争団を組織し、採用差別とのたたかいに取り組んだ。

国鉄の分割・民営化の過程では、これに反対する国労への国鉄当局の敵視政策が強まり、人材活用センターへの国労組合員の差別的収容や「国労にいては新会社に採用されない」などと宣伝しての脱退工作など国労組合員への攻撃が激化した。国鉄の分割・民営化に際しては、採用した国労組合員について運転士にしない、車掌にしないなどの配属差別が行われ、分割民営化後においても出向、配転差別、勤務差別、昇進差別など国労組合員への差別が続けられた。

分割・民営化前後を通じて行われた一連の不当労働行為事件の中でも、採用差別は、分割・民営化に反対した国労組合員に対する差別の総仕上げともいうべきもので、国鉄の分割・民営化という国策遂行の過程で行われた「国家的不当労働行為」であった。(「体験的覚書」)

中曽根首相の狙い

国鉄改革を推進した当時の中曽根康弘首相は、後に、国鉄の分割・民営化の狙いの一つが、わが国の労働組合を牽引していた総評労働運動の中心を担っていた国鉄労働組合つぶしにあったことを認めている(週刊『AERA』一九九六年一二月三〇日、一九九七年一月六日合併号)。

国鉄改革法の草案が明らかになった段階で、当時すでに人活センターへの国労組合員の配置差別が行われていたから、改革法は分割民営化に反対する国労組合員をJRから排除するための手段に使われるだろうということが危惧されたし、私も当時「国鉄改革法案批判」のなかで、二三条による採用方式は国労組合員らに対する差別的な採用のしくみとして必ずや悪用されるであろうと指摘していた(座談会「国鉄労使関係と改革法案」季刊労働法一四一号・一九八六秋号)。

しかし、国鉄改革法二三条が採用候補者の選定・名簿作成は国鉄の責任で行い、名簿に載った人からJRの設立委員が採用通知を発するというように採用手続を分断したこと、つまり採用手続の一部は国鉄が担い、一部は設立委員が担うという手続の分断、あるいは権限の分断をしたことが、不当労働行為の責任主体としてのJRの使用者性が否定される根拠になるだろうとまでは考えていなかった。採用手続の過程は、不当労働行為を行いやすい構造になってはいるが、国鉄とJRの関係は、事業承継であり、国鉄とＪＲの連続性、実質的同一性などから、ＪＲが労組法七条の使用者として不当労働行為責任を負うのは当然だと思っていた（本多淳亮、西谷敏、萬井隆令連名の意見書「国鉄改革に伴う承継法人の採用拒否と不当労働行為」労旬一一九二号一〇頁。知る限り、改革法二三条の規定の故にＪＲの使用者性は否定されるという学説もなかった）。

また、前述したとおり、一九六〇年代後半頃から、子会社従業員や下請企業の労働者で組織する労働組合が、親会社等を使用者として、不当労働行為責任（団体交渉拒否など）を追及する申立が各地の地方労働委員会に提起され、労働委員会は、不当労働行為の制度趣旨から、労働組合法上の使用者は、労働契約上の雇用主に限らず、労働関係上の諸利益を左右する支配力、影響力を有するものもまた、使用者であるとの命令を相次いで出していたし、このような傾向は労働委員会命令において支配的であった。ＪＲに対して、直接労働契約上の地位確認という請求は法的に難しいとしても、労働委員会への救済申立については、ＪＲと国鉄の法人格の違いや改革法上の採用手続上の規定は、救済の障害にならない、ＪＲは争ってくるであろうが、ＪＲの使用者責任は認められるであろうと考えた。（「体験的覚書」）

葛西敬之の述懐

後になって判明したことであるが、改革法二三条の仕組みを考えた理由について、国鉄改革三羽烏のひとりと言われ、後にＪＲ東海の社長に就任した葛西敬之氏はその著『国鉄改革の真実』（中央公論新社、二〇〇七年七月刊）のなかで次のように述懐している（同書七九～八一頁）。

「要員問題、労務問題など職員局が担当した課題こそが国鉄改革の中で最も困難な部分であり、しかも国鉄固有の課題であった。その中で真っ先に、法案の作成段階で浮上したのが、法的に見て、どうやったら職員をJR各社と国鉄清算事業団へ『振り分け』ることができるのかという難題である。これを見事に解決してくれたのが、法務課の法律専門家だった。彼は改革時の職員局にとって、法律問題全般について的確なアドバイスを受けられる社内弁護士的な存在であった。（略）我々が手探りをしている間に、彼は唯一の現実的なやり方を考えてくれていた。（略）『唯一の方法は、『国鉄イコール国鉄清算事業団』であり、『新しい会社は名実ともに新設の法人である』という仕組みしかありません』というのが彼の意見だった。その案を聞いたときに、目からウロコが落ちたように、ああ、そういうことなのだと思ったものである。」

（「体験的覚書」）

このように、改革法二三条はJRの不当労働行為責任を免罪するまことに狡猾な立法であった。

連戦連勝の労働委員会闘争

採用差別についてどうたたかうか。JRを相手とする地位確認訴訟か労働委員会に対する不当労働行為の救済申立か、弁護士の中でも意見のちがいがなかったわけではないが、国労は労働委員会闘争に取り組む方針を決め、全国一七の地労委に救済を申立てた。

JR側は当事者適格がないと主張し、審理のボイコットまでしたが、一九八八年一月の大阪地労委を皮切りに、神奈川地労委（一九八八年一二月）、北海道地労委（一九八九年一月命令）、福岡地労委（一九八九年三月)、東京など一七の地労委すべてで、JRは不採用につき不当労働行為責任を負うべき使用者に当たるとしたうえで、救済対象者として申し立てた組合員を分割・民営時の一九八七年四月一日に遡って採用したものとして取り扱え、との救済命令が発せられた。

これに対し、JR各社は中労委に再審査を申し立てた。中労委は、救済の内容を一部変更したが、JRの不当労働行為責任を認めて救済命令を発した。(「体験的覚書」)

東京地裁中労委命令取消判決の衝撃

これに対し、JRは命令取消を求める行政訴訟を東京地裁に提起した。一九九八年五月二八日東京地裁の二つの労働部はそれぞれ、中労委命令を取り消すとの判決を言渡した。二〇一五年に書かれた「ふり返って」では、この二つの地裁判決について、次のように紹介し、批判しています。

JR北海道、九州事件について東京地裁民事一一部(萩尾保繁裁判長)は、一九九八年五月二八日、中労委命令を取り消す判決を言い渡した(労判七三九号一五頁)。その判旨は、雇用主以外の事業主であっても、自己の業務に従事させる労働者の基本的な労働条件について、雇用主と部分的とはいえ同視できる程度に現実的かつ具体的に支配、決定することができる場合には、その限りにおいて労組法七条の使用者に当たりうるが、国鉄改革法上、承継法人の職員の採用候補者の具体的選定および名簿の作成は、国鉄がその責任と権限において行なうことが定められているうえ、設立委員が国鉄の右権限を行使しうる旨の規定の存在も存在しないので、設立委員は、国鉄の行なった採用候補者の選定および名簿作成について現実的かつ具体的に、支配、決定することができる地位にはなかったものと認められるから、国鉄の行為についてＪＲが責任を負うべきものではない。国鉄からＪＲ各社への移行は、違法または不当な目的をもって行なわれたものとはいえず、両者の間に実質的同一性があるといえるかにも疑問があるから、両者の実質的同一性を理由にＪＲ各社の責任を認めることはできない、とするものである。

これに対して、同日に言い渡されたＪＲ東海、ＪＲ東日本等にかかわる本州関係採用差別事件に関する民事一九部（高世三郎裁判長）判決（労判七三九号四〇頁）は、一部のそれとは異なる論旨を展開した。同判決は、募集、名簿作成、採用決定という一連の過程を一体としてとらえ、設立委員が募集、採用の主体として位置づけるものの、承継法人による職員の採用は新規採用としての性質を有するとし、設立委員が国鉄が名簿を作成する過程において不当労働行為があることを認識しつつこれを是正する措置を執らなかったとすれば、それは設立委員自身が不当労働行為としてＪＲがその責任を負うべきであるという。しかし、同判決は、新規採用拒否については、不利益取扱いの不当労働行為とすることはできず、命令が組合員をＪＲに採用されたものとして取り扱うと命じたのは違法である、として中労委命令を取り消した。（「ふり返って」）

この判決を受けた時のことを宮里は弁護士ドットコムのインタビューで「当然、勝つと思っていましたよ。それが負け、と言うんです。初めてじゃないかな。法廷で座っていて、しばらくショックで立ち上がれませんでした」（ドットコム）と述懐しています。

そして、宮里は、「ふり返って」の中で、これらの判決を次のように厳しく批判しています。

二つの判決は、国鉄とＪＲ各社の実質的一体性・連続性や立法者意思を無視した点において、さらに、国鉄改革法の解釈にあたり、憲法二八条の団結権保障とそれを具体化した不当労働行為制度を実質的に排除したという点において共通している。

ここでは、民事一一部判決は、ＪＲの使用者性の判断にあたり、朝日放送事件・最高裁判決（最三小判平成七・二・二八労判六六八号一一頁）に準拠するという基本的な誤りを犯したものであること、立法者意思や国鉄とＪＲとの関係に関わる実態を無視し、国鉄改革法二三条の文言のみに依拠して責任の有無を論じた形式的文理解釈論であること、民事一九部判決は、採用を純粋の新規採用と同一視した点において決定的な誤りがあったということだけを指摘しておきたい。

三対二で負けた最高裁判決

二〇〇〇年一二月一四日東京高裁もＪＲの使用者性を否定する同旨の判決を下した（労判八〇一号三七頁）。そして、二〇〇三年一二月二二日には最高裁第一小法廷判決が三対二の僅差で「ＪＲは使用者ではない」として、中労委側の上告を棄却する判決を言い渡した（判例時報一八四七号八頁。ＪＲの使用者責任を認めたのは、深澤武久、島田仁郎の二名の最高裁判事であった）、かくして一九八七年から取り組まれたＪＲへの採用を求める労働委員会闘争は組合側敗訴で確定した。もっとも、この三対二という判決は、後に不採用組合員らが国鉄清算事業団・鉄道運輸機構を相手に提起した不法行為による損害賠償請求訴訟における消滅時効の起算点解釈に影響を与えた。（「体験的覚書」）

さらに、「ふり返って」の中で最高裁判決について述べられている部分を次に引用してみましょう。

多数意見の内容は次のとおりである。「国鉄改革法二三条は、採用手続きに段階を設け、各段階ごとに行なう事務手続きの内容、主体および権限を規定するとともに、国鉄の職員について、承継法人の職員に採用されるべき者と国鉄の職員のまま残留させる者とに振分けることとし、国鉄にその振分けを行なわせるものであることとした」。そして、「承継法人の職員に採用されず、国鉄の職員から事業団の地位に移行した者は承継法人の職員に採用された者と比較して不利益な立場に置かれることは明らかである」。しかしながら、「改革法は、所定の採用手続によらない限り承継法人設立時にその職員として採用される余地はないこととし、その採用手続の各段階における国鉄と設立委員の権限については、これを明確に分離して規定しており」、「改革法は、設立委員自身が不当労働行為を行った場合は別として、専ら国鉄が採用候補者の選定及び採用候補者名簿の作成に当たり組合差別をしたという場合には、労働組合法七条の適用上、専ら国鉄、次いで事業団にその責任を負わせることとしたものと解さざるを得ず、このような改革法の規定する法律関係の下においては、設立委員ひいては承継法人が同条にいう『使用者』として不当労働行為責任を負うものではない」とした。

一方、反対意見の内容は以下のとおりであった。「国鉄は、承継法人の職員の採用のために設立委員の提出した採用の基準にしたがって採用候補者名簿の作成等の作業をすることとされ、国鉄総裁が設立委員に加わり、設立委員会における実際の作業も国鉄職員によって構成された設立委員会事務局によって行なわれたものと考える。このような採用手続きの各段階における作業は、おのおの独立の意味を持つものではなく、すべて設立委員の提示する採用の基準に従った承継法人の職員採用に向けられた一連の一体的なものであって、同条において国鉄と設立委員の権限が定められていることを理由に、その効果も分断されたものと解するのは、あまりにも形式論にすぎるものといわざるをえない。また、国会審議からも、そういえる。したがって、採用手続過程において国鉄に不当労働行為があったときは、設立委員ひいては承継法人が労働組合法七条の使用者として不当労働行為責任を負うことは免れない。」

多数意見の論旨は、JR側の主張にほぼ沿うものであり、反対意見の論旨は組合側の主張にほぼ沿うものである。採用手続きの実態、国会審議をもふまえた国鉄改革法解釈のあり方として反対意見に説得力があり、多数意見については、反対意見がいうように「あまりにも形式論」という批判が妥当する。

採用差別の不当労働行為としての本質は、組合員らをJRから排除した点にある。不当労働行為の救済とは、不当労働行為がなかった事実状態に回復・是正することにある。最高裁判決によれば、結局、不当労働行為の実効的救済は期しえないこととなり、これは、政策立法にすぎない国鉄改革法二三条を憲法二八条を具体化した労働組合法七条の上位規範とするに等しいというべきであり、また、JRの責任不問をたくらみとした政治的立法意図を容認したものともいえる。

最高裁判決は、司法の最終判断として、地労委および中労委のJRの不当労働行為責任肯定の判断を否定し、労働委員会の救済命令を通じてのJRへの採用という救済の途を封じた。（「ふり返って」）

返す返すも痛恨の極みである

司法判断は残酷なものです。三対二のわずか一人の差で、ＪＲの使用者責任が否定され、多くの労働者の雇用継続への願いは封じられたのです。しかし、この二名の少数意見がなければ、国鉄清算事業団＝鉄建公団に対する損害賠償裁判は時効の主張によって封じられていたでしょうし、その後の政治解決にたどり着くことも難しかったことでしょう。宮里は、「体験的覚書」のまとめとして、次のように述べています。

経過を思い起こすと、一九九八年五月の行政訴訟判決でＪＲの使用者性が認められ中労委命令が維持されていたら、たたかいの様相は大きく異なり、組合員が求めていたＪＲへの採用を果たしていたであろうと思われる。採用差別不当労働行為問題に二〇年余かかわった弁護士として、組合員の要求を実現し得なかったことは省みて返す返すも痛恨の極みである。

宮里は、この誤った判決によって、復職できたはずの多くの国労組合員の雇用を回復できなかったことへの痛恨の思いを、抱き続けながら「団結なくして勝利なし」と訴え、政治合意と和解を実現させたのだといえるでしょう。

合唱団員一人の声ではありません。同じような立場にあるすべての音楽家の「合唱」なのであります。

――東京高裁判決を逆転し、オペラ合唱団員の労働組合法上の労働者性を認めさせた最高裁弁論

オペラ合唱団員の労働組合法上の労働者性が争われ、これを認める最高裁判決（二〇一一年四月二一日判決。判例時報二一一四号三頁）を導き出した新国立劇場運営財団事件の最高裁弁論の全文を収録します。

この判決では契約の文言ではなく、労働の実態を見るべきだというまっとうな判断が示されています。クラシック音楽をこよなく愛する宮里が練りに練って作った研ぎ澄まされた無駄のない文章ですし、弁論としてまとまったものですから、ここにも全文を採録することにしましょう。

宮里は、この弁論の中の「本件合唱団員一人の声ではありません。同じような立場にあるすべての音楽家の「合唱」なのであります。」という一節がとても気に入っていたようで、私たち後輩は、東日本大震災直後に実施されたこの弁論のことを繰り返し聞いています。

この事件の最高裁弁論の準備をされていたころ、花垣存彦弁護士によれば昼ご飯をともにした際に、「僕は使用者性も労働者性も最高裁で弁論をすることになったんだよ」と、自負の言葉を述べていたとのことです。使用者性についての弁論とは、言うまでもなく国鉄分割民営化の際の採用差

別事件でのＪＲの使用者性のことです（本書二六頁参照）。

宮里は、最高裁逆転判決について「音楽にたずさわる労働者の地位、権利確立に意義あるたたかいでした。世界の音楽家と協力し、オペラ団員は労働者だというのが国際常識だと明らかにしたことが重要でした」と述べています（二〇一六年二月一二日『しんぶん赤旗』より）。

一　はじめに

参加人代理人の宮里です。原判決は、『法的な指揮命令ないし支配的関係』の有無という労働者性を厳しく限定する判断基準に拠って、本件合唱団員の労働者性を否定したものでありますが、原判決で、私がもっとも引っかかったのは次の行であります。それは、契約メンバーが個別公演出演契約を締結したことによる様々な制約について、『オペラ公演のもつ集団的舞台芸術性に由来するもの』『オペラ公演の本質に由来する性質のもの』であるとして、これらの制約は、労組法上の労働者性の判断には何の影響もないとする趣旨の判断をしている部分であります。一審判決にも、契約メンバーが指揮監督を受けることは集団的舞台芸術から生ずるもので、労組法上の労働者を肯定する理由にはならない、とほぼ同旨の判示がありました。オペラは音楽とドラマ、バレエなどから構成され、総合芸術といわれます。独唱のみならず、合唱もオペラにおいては重要な役割を担っています。たしかに、オペラは判決のいうように、『集団的舞台芸術』です。

しかし、労働者性を否定する論拠として、集団的舞台芸術論が持ち出されたことには素直にいって

日本労働弁護団主催の「労働者性の否定を許さない集会」で講演する宮里弁護士（「東京共同法律事務所ニュース」60号、2011年）

大いなる驚きと甚だしい違和感を禁じ得ませんでした。

原判決では、『オペラは集団的舞台芸術』が、労働者性を否定するマジックワードになっています。原審裁判官は、音楽あるいは芸術と労働とは相容れないと考えたのでしょうか。

オペラという芸術に携わる音楽家がユニオンに入り、ましてやユニオンの団結力を恃んで団体交渉によって問題の解決を図ろうとするなどというのは、音楽家としてあるまじきことであるという発想が原審裁判官の心の奥に潜んでいたのではないかと思われてなりません。

二　集団性といえば、プロ野球はもっとも集団的なスポーツであります。オペラ出演者が演出家や指揮者の指示・指揮に従わねばならないと同様、プロ野球の選手は、監督の指示に服さなければなりません。

選手に課せられているさまざまな制約は、まさに野球という集団的スポーツの性格に由来するものです。

集団的スポーツの本質に由来する制約があるから、プロ野球選手は労働者たりえないということになるのでしょうか。

日本のプロ野球選手は、球団と野球選手契約というタイトルの契約をしています。しかし、プロ野球選手は、日本プロ野球選手会という労働組合を結成し、日本プロフェッショナル野球組織と契約条件について団体交渉をしています。プロ野球選手が、労組法上の労働者であり、プロ野球選手会が労働組合として団体交渉権を有することについては、東京高裁平成一六年九月八日決定も判示しているところです。アメリカのメジャーリーガーたちもユニオンを結成し、団体交渉を行っていることはよく知られていることであります。

三　原判決が労働者否定の論拠とした『集団的舞台芸術』論は、きわめて特異な考え方であり、芸術、芸能、スポーツなど『職業の種類を問わず』として、どのような労働かを問わない労組法二条の明文の規定にも反するものです。

音楽家ユニオンは、国際音楽家連盟を通じて世界の主要国の音楽家労働組合に協力を求め、実態調査を行いました。調査対象国は、アメリカ、ドイツ、フランス、オーストリア、イタリア、イギリス、ギリシャ、ハンガリー、スイス、フィンランド、スウェーデン、ノルウェー、イスラエルです。どこの国でも、歌劇場の合唱団員は、労働組合に加入し、労働組合を通じて歌劇場の経営者と労働条件を交渉していることが判明しております。歌劇場の合唱団員が、労働者として、ユニオン・メンバーたりうることは国際的な定説であり、合唱団員が労働者であることは、世界の常識といえます。

もしも、原判決のように、労働者性が否定されることになるならば、音楽家の世界にあって、日本の常識は、世界の非常識になってしまいます。

四　契約の形式や文言に目を奪われるのではなく、実態・事実を直視していただきたいのでありますす。契約の形式や文言は、非対等な当事者間においては、容易に操作できるものです。労働者性の問題、わけても、労組法上の労働者性の問題は、その者のおかれている実態を、十分に考慮を入れて判断されるべきであり、そのあるべき判断基準等については理由書において詳しく述べたところであり、本日の弁論において、相代理人がそのエッセンスを論じたところであります。

原判決の採った労働者性の判断基準とその帰結としての労働者性否定の判断は、適切妥当な判断基準のもとで、全面的に見直されるべきであります。

「合唱団員は、団結権を保障される労働者として遇されるべきです」という本件で求めている合唱団員の「声」に耳を傾けていただきたい。これは、決して本件合唱団員一人の声ではありません。同じような立場にあるすべての音楽家の「合唱」なのであります。

五　CBC放送管弦楽団事件の最高裁昭和五一年判決は、労組法上の労働者性の独自性を認めた判決として評価されるものでありますが、当時に較べ、本件のように、労働者性を否定し、使用者としての責任を免れる状況が増えつつあるなかで、最高裁には、団結権・団体交渉権保障の趣旨に則ったより広い労働者概念を定立することが求められていると思います。本件において、最高裁がそのような判断を示されることを期待し、私の弁論といたします。」（二〇一一年三月一五日弁論）

わが終活＝就活のテーマのひとつは、働く人あるいはこれから働こうとする人に対するワークルール教育である

宮里先生が二〇一六年に、自らの終活＝就活のテーマの一つが、若者に対するワークルール教育であると語った文章があります。司法修習一九期の同窓誌『いしずえ』五三号（二〇一六年）から、要約して編集してみました。雇用の場面における労働者の権利と労働組合活動の意義をきちんと教育することが、労働運動の礎になるという確信が力強く語られています。

いま「ブラック企業」に代表されるように、労働者を取り巻く労働環境は悪化の一途をたどっている。非正規雇用化と格差の拡大、長時間労働、過労死・過労自殺、パワハラ・マタハラ・モラハラなどの様々なハラスメントなど、「労働は商品でない」（一九九四年、ＩＬＯフィラデルフィア宣言）原則は崩れ、労働の商品化、それも使い捨て商品化が進んでいる感を強くする。

働く者の権利の確立を願い、労働事件に取り組んで五〇年余、働く者の雇用・労働条件・権利の現在の有り様をみるとき、忸怩たる思いがある。

労働基準法などのワークルールが守られない責任はいうまでもなく企業にある。しかし、企業の違法・不当を許している背景には、労働者の法に対する知識の欠如、権利意識の弱さがある。使用者の

違法・不当に対し労働者が声をあげない状況も労働環境の悪化を招いている要因である。厚労省も〇九年「今後の労働関係法制度をめぐる教育の在り方に関する研究会報告書」で「労働者にとって、労働関係法制度の基礎的な知識を学ぶことは、自らの身を守るために最低限確保しておくべき手段」と指摘している。

私は一般社団法人日本ワークルール検定協会の「啓発推進委員」を務めている。

ワークルール教育で私が強調しているのは、まずは、法で保障されている権利について知ること（「知ることからすべては始まる」）、そして知った権利を行使すること（「行使しなければ、権利は画に描いた餅である」）、そして最後に必ず言及しているのは、ワークルールの実効性を担保する労働組合の存在意義と役割である（「団結なくして権利なし」）。就活に熱心な学生に、ワークルールへの関心を高めることはかなり難しい課題だが、わが終活（?!）は、このことを、情熱を持って語るほかはないと自らに言い聞かせている。」

コロナ禍というのは、団結にとって危機的な問題を抱えていると同時に、逆にいうと、労働組合の存在感を示すチャンスでもある。

――二〇二〇年三月、ＪＡＭ組織強化委員会での発言

今コロナの下で多くの労働者の雇用・労働条件問題が起こっています。これは世界共通です。ＥＵ諸国の一部、例えばイギリスなどでは、コロナの下で組合員の新規加入が非常に増えているといいます。

イギリスの公共サービス労働組合、ＵＮＩＳＯＮという組合は一八〇万人ぐらい組織している大組合のようです。昨年の一月から半年間で六万五〇〇〇人が新規加入したということです。組合に入らないと、雇用が危ない、コロナの下で就労環境が不安だ、ということで組合加入者が増えたということです。

ある意味ではコロナ禍というのは、団結にとって危機的な問題を抱えていると同時に、逆にいうと、労働組合の存在感を示すチャンスでもあるということかもしれません。こういう状況だからこそ、個人ではどうにもならない。やはり団結の力、組合の力、運動の力が必要だということだろうと思います。

組合の団結があれば、解雇された労働者も現職に復帰して定年まで働くことができるのだ

――岡本理研の黒川君職場復帰を勝ち取る

宮里先生は労働組合の団結の重要性を説き、団結のない職場に職場復帰した原告が自死した日本教育新聞社事件（本書六八頁）のことを何度も語りました。一方、職場復帰を勝ち取り、組合の仲間の団結に支えられて、当該が定年まで勤務を継続できた事件として語り続けた事件が岡本理研ゴム事件です。事件の概要、都労委命令、中労委での和解、組合の勝因の分析を宮里先生は「東京共同法律事務所ニュース」（一九八三年、第三号）に書いています。要約して紹介します。

「配転拒否を理由に岡本理研ゴム（株）から徴戒解雇されていた黒川君が解雇から約五年ぶりに職場復帰をかちとった。

黒川君は、群馬工場素材課に勤務していたが、昭和五三年二月二日東京本社の履物部販売課への配転を命じられた。当時総評化学同盟岡本理研ゴム労組の副委員長をしていた黒川君は、この配点を組合活動家に対する不当労働行為であるとして、昭和五三年三月一六日に東京都地方労働委員会に救済申立を行った。

しかしながら、会社は、その後の六月、配転命令に応じなかったことを理由に懲戒解雇を行ったため、懲戒解雇の撤回もあわせて救済申立を行っていた。

岡本理研は従業員総数一八〇〇名の会社で、工場を、群馬、神奈川、茨城においていたが、群馬支部が代議員、中央委員の過半数を出しており、組合運営の中核的存在であった。岡本理研の組合は、総評化学同盟に加盟していたが、会社は化学同盟加入を嫌悪し、脱退の働きかけを組合に行ったこともあって、組合内に対立が生じ、昭和五二年八月組合は化学同盟を脱退し、ゴム労連に加盟することとなった。黒川君は、この脱退の動きのなかで、終始化学同盟（現在の合化労連化学一般）にとどまることを主張して活動していた。

昭和五六年九月二一日に出された都労委命令（労判三七六号九四頁）は、黒川君の主張を全面的に認め、黒川君に対する配転は、最大拠点の群馬支部から切り離し、組合活動上の影響力を減殺ないし排除する意図があったとした。

会社は、命令を不服として、中労委にもちこんだが、昭和五七年一一月一九日に解雇撤回の和解が成立し、黒川君は約三カ月本社覆物部販売課に所属したあと四月から群馬工場に復帰した。」

解雇撤回・職場復帰を勝ちとった要因として、宮里先生は、次の四点を指摘しています。①何よりも不当労働行為は許せないとして闘いに立ちあがった黒川君の決意と粘り強い行動、②組合の支援が受けられない状況のもとで、化学同盟が、支援共闘会議をつくって運動を支えたことが大きな力となったこと、③当初さまざまないきさつから、黒川君の救済申立を支援できなかった組合が、その後同君に対する犠牲者救援（生活援助）を行い、経済的に闘いを継続しうる基礎を与えたこと、④とくに、勝利への原動力として指摘されてよいのは、黒川君の活動拠点であった群馬支部を中心に、黒川君解雇後も、引き続き黒川君の闘いを励まし、職場復帰を実現させようとして頑張った多くの職場組合員の存在である。

会社は黒川君を配転・解雇によって群馬工場からしめ出せば、闘いの拠点は崩れると考えたのであろうが、それは誤算であった。外からの共闘会議の支援体制と職場の内からの闘いが相呼応する形で勝利を生み出す要因をつくっていった。
　岡本理研ゴム労組が、これまでの歴史のなかで攻撃に屈せず、しかも闘いを通じて職場復帰という完全勝利を得たのは今回が初めてである。この成果は、その意味で、黒川君にとっても、組合にとっても歴史的なものである。

　宮里先生は大勢の人の前では、あまり自慢話はしませんでした。しかし、事務所の同僚にはこの事件のことを何度も「組合の団結があれば、解雇された労働者も現職に復帰して定年まで働くことができるのだ」と話しました。そして、黒川さんは私たちの事務所の創立記念のパーティなどにも来てくださり、私（海渡）も、「私が定年まで務められたのは宮里先生のおかげです」とあいさつされたことをよく覚えています。

新しい働き方、フランチャイジーとＵｂｅｒライドシェアにも労働者性を認めるべきだ

　不安定な雇用が広がるなかで、法的には請負や委託の形式をとった、「新しい働き方」とされる、さらに不安定な働き方が広がってきました。宮里先生はコンビニ加盟店ユニオンの労働委員会事件

を担当し、コンビニ店主のフランチャイザーに対する労働者性を認めさせるために働きました。二〇一四年の岡山県労働委員会は店主を労組法上の労働者と認定したものの、一九年の中央労働委員会が否定する逆転命令を出したため、コンビニ加盟店ユニオンが裁判で取り消しを求めていました。二二年一二月二一日、東京高裁は、団交権を認めなかった一審判決を支持する判決をしました。この課題は、裁判所の認めるところには至っていませんが、宮里は、弁護士ドットコムニュースで、このような働き方の増大について次のように警鐘を鳴らしています。

コンビニ加盟店主が従業員と立ち上げたコンビニ加盟店ユニオンの事件では、本部にルール作りなどの団体交渉を申し入れたら、経営者であることを理由に応じてくれない。フランチャイザーとフランチャイジーに労使関係があるのかは海外でも議論になりました。地方労働委員会で勝ち、中央労働委員会に上がっているところです。

それから、日本に上陸したＵｂｅｒライドシェアの問題。導入は反対と、「交通の安全と労働を守る市民会議」を作り、代表世話人を務めています。交通過疎地域には必要かもしれませんが、そうではない地域でＵｂｅｒの安全は誰が担保するのか。また、長年タクシーの労働組合を支援してきたので、タクシー運転手の雇用が奪われるのではないか、という心配があります。（『月刊弁護士ドットコム』二〇一八年一一月号より）

二〇〇四年九月一六日付の国土交通省自動車都市局長が出した通達はチケットを利用する大口利

用者に三割以内で値引きを認める差別的料金を認めるものでした。ただでさえきつくて、危険で低賃金に苦しむタクシー労働者がこの通達でより厳しい貧困に追い込まれるとして、二〇〇五年一月全自交は、この通達はタクシー労働者の生活と命を破壊するものだとして国を訴える訴訟を起こしました。

その弁護団長が宮里先生でした。この裁判当日は、毎回運輸業界のみならず各界から支援者が参加し、広く社会にもタクシー労働者の生活の厳しさが知られることとなりました。この取り組みの過程で、タクシーを中心に「交通の安全と労働を考える市民会議」が結成され、現在までウーバーなどのライドシェアの危険性を訴える活動が代表世話人である宮里先生を中心に取り組まれてきたのです。

ライドシェアはポリープ。早く摘出しないと癌になる

宮里先生が代表世話人を務めていた「交通の安全と労働について考える市民会議」の中心メンバーである国際運輸労連（ＩＴＦ）の浦田誠さんから、次のようなご報告をいただきました。

ライドシェアの問題は、労働者保護の大規模な後退をもたらすことを、宮里弁護士は強く警告し続

けていました。「ライドシェアはポリープ。早く摘出しないと癌になる」という言葉は二〇一七年三月七日に全電通会館で開かれたハイタクフォーラム（全自交労連、交通労連、私鉄総連）の春闘集会に「交通の安全と労働を考える市民会議」の代表世話人として出席した時の挨拶からの引用です。

いったん広まると規制をかけることが極めて困難であることは世界各地の事例からその後明らかになっています。市民会議やハイタク労組の運動を通じて、日本は世界で唯一ライドシェアを水際で阻止してきた国です。同年一〇月の全自交労連大会ではまた、「ライドシェアは究極の規制緩和」と述べ、国ではなく一民間企業が米タクシー産業を崩壊の寸前に追い込んだことを厳しく批判しました。

争議権は労働組合にとって最も根幹的な権利である。

団結権・団交権・争議権を労働三権というが、三権は一体不可分のものであり、争議権なくして、団結権・団交権もない。争議行為は「伝家の法刀」と言われることがあるが、時に抜かれなければ法刀は錆びつく。

――ＪＡＬ不当労働行為（支配介入）事件・東京高裁平成二七年六月一八日判決にふれて（『労働情報』二〇一五年より要約）

日本航空の更生管財人であった企業再生支援機構のディレクターらが、日本航空乗員組合、日本航

JAL不当労働行為事件の集会で講演する宮里弁護士

空キャビンクルーユニオンに対して、組合の争議権が確立された場合に、機構はそれが撤回されるまで更生計画案で予定されている三五〇〇億円を出資することはできないなど発言したことが支配介入に当たるか、ということが問題となった。

東京都労委は平成二三年七月五日付命令で支配介入に当たると判断、東京地裁判決（二〇一四・八・二八）も都労委命令を支持した。この事件について東京高裁（須藤典明裁判長）は次のように述べた（労判一一三一号七二頁）。

「争議権の確立は、労働組合が会社と交渉する際に、会社との対等性を確保するための有効な対抗手段となるものであって、現行の労働法制の下では、労働組合にとって最も根幹的な権利の一つである」

「日本国憲法や労働組合法は、労働組合を組織して従業員が争議権を確立して争議行為を行おうとしていることによって、雇用されている会社の存立自体を危うくする可能性がある場合であっても、会社を存続させることを優先しているわけではない」

「労使双方が交渉によって、一定の合意に至らず、争議行為が実施されることとなり、その結果、会社の収益や社会的信用が悪化するなどして倒産に至り、結果的に労働組合に属する労働者も職を失うことになったとしても、それは会社とその労働者とが自ら選択した結果であって、会社の存立を優先させるために、支配介入してもよいということになるものではない」

宮里先生はこの判決を評して次のように賛辞を呈している。

「判決の説くところは争議権の本質を把えて明快である。争議権の意義について述べた判決は少なくないが、本判決のように、争議権の本質をつきつめて論じた判決はなかったのではないか」

芦部教授は、たくさんの裁判について意見書を書いたけれど、法廷に立ったのは生涯に一度だけ、そして尋問したのは私だったんだよ。

——総理府統計局事件で無罪判決を導いた芦部教授の証言

ある時、宮里先生が嬉しそうにこのように自慢されたことがありました。あまり、人に自慢などされない謙虚な性格からは想像できない自慢ぶりで、とても珍しいことだったので強く印象に残りました。「何の事件だったんですか」と聞くと、「総理府統計局事件というんだ。」と言われ、信濃毎日新聞の記事のコピーを下さいました（信濃毎日新聞二〇一八年連載「表現の自由、統計局事件で法廷証言『民主主義の生命線』強調」（芦部信喜「平和への憲法学」第三部　自由と人権②より）。この記事を含む連載は、後に岩波書店から、渡辺秀樹氏による『芦部信喜　平和への憲法学』（二〇二〇年）として公刊されました。

渡辺氏は、信濃毎日新聞の論説副主幹を経て編集委員をされていました。渡辺氏は、法律家ではなく、芦部教授の講義を受けたわけでもありません。同郷（長野県出身）という以外の接点はない芦部教授の足跡をジャーナリストらしく、徹底的に調べ上げて、インタビューと収集した資料にもとづいてこの本を書かれました。その第三章は「人権と自由」というタイトルで、多くの人権課題についての芦部教授の活動が紹介されています。

総理府統計局事件は、統計局の三人の事務官が庁舎の通用門で都議選に関する記事の掲載された組合ニュース（「都議選いよいよ始まる。我々の代表を選ぼう。」として、社会党と共産党の候補者名と選挙区を記載したもの）を配布した事件でした。この裁判で、芦部教授は一九七〇年七月東京高裁で証言しました。この証人尋問を担当したのが、宮里先生だったのです。日本最高の憲法学者を口説き落とし、証言を得て無罪判決を勝ち取った経験は、最高の栄誉だったのだと思います。

同書から宮里先生による芦部教授に対する尋問に関する部分を以下に引用することにします。

「宮里は、東大法学部生時代に講義を受けた芦部の研究室を訪ね、学者証人としての出廷を懇願した。初めてのことに芦部は当惑した様子だったという。一九七〇年七月、傍聴席が満席になった東京高裁法廷。芦部は証言台に立った。その時のやりとりを記録した資料が日本国家公務員労働組合連合会（国公労連）事務所の書庫に眠っていた。

それによると宮里は、米国留学を経て芦部が確立した立法事実論や合憲性審査（違憲審査）の方法、米国の判例などを順に質問し、核心に迫っている。

宮里　国家公務員法や人事院規則による公務員の政治活動の制限規定を表現の自由の観点から見ると、どういう問題があるか。

芦部　ほぼ全ての政治活動が許されていない。公務員の職種、職務上の行為か否か、勤務時間内か否かも問わないのは大きな問題だ。違反に対する制裁として刑罰を加えるのも重すぎる。

裁判官も尋ねる。

裁判官　国公法の規定の合憲性はどのように、お考えか。

芦部　合憲的に適用される部分と違憲的に適用される部分を区別することは困難。端的に言えば、法令そのものが違憲と考える。

最後に芦部が述べた言葉が静まり返った法廷に響いた。

『表現の自由は民主主義の生命線である。』

被告人らは無罪。一九七二年四月五日に出た判決（判例時報六八八号）は、一審の有罪を覆した。判決は、法令自体が違憲とは言わなかったが、芦部の証言を一部踏襲。裁量権のない非管理職が日常的な組合活動で行なったビラ配布に実質的な違法性はないと結論づけた。」

この判決は、公務員の政治活動を禁止する国家公務員法と人事院規則を限定解釈し、このビラでは特定の候補を応援していないとして公選法違反の成立そのものを否定したのです。これは芦部の「合憲限定解釈」を採用したものであり、最高裁が全逓中郵事件以降全農林警職法事件にはじまる逆流に呑みこまれるまでの、司法にとって幸福な時期を示す判決の一つだといえます。

宮里先生と芦部憲法理論について私（海渡）が話したのは、この信濃毎日新聞が掲載された二〇一八年のことでした。特定秘密保護法や共謀罪の制定について、芦部先生が生きておられたら、どんな意見を言われたでしょうかなどと話しあったと思います。

憲法は、政治があらぬ方向に向かわないように、これを掣肘するために存在します。芦部憲法学は、内外の憲法学の研究を深め、日本の最高裁が適用できる形にして提示した、戦後憲法学の至宝といえるでしょう。

私（海渡）は、東大法学部での芦部先生の講義を受けることのできた世代です。私は大学二年の時に小林直樹先生から憲法の単位をいただいていましたが、大学三年で、芦部先生の憲法一部と二部を聴講しました。まだ、芦部先生の教科書は出版されておらず、『現代人権論』『憲法訴訟の理論』で芦部理論を学びました。さらに大学四年で「国法学」の講義を受けて単位をいただきました。この「国法学」の講義は、『憲法制定権力』（東京大学出版会、一九八三年）に結実しています。芦部教授は、少人数しか聴講しないこの講義の中で、憲法改正の限界について率直に自説を述べていました。そして、憲法制定権力といえども無制限なものではなく、憲法の中核的な価値である基本的人権の保障と平和主義を否定するような改正は、憲法改正の限界を超えており、許されないことであると説いてやみませんでした。

かつて、憲法改正を目指していた中曽根康弘氏は、一九八五年、自らの公式参拝の是非を論ずる靖国懇のメンバーとして芦部先生を招きました。確かに中曽根氏は、宮里先生の生涯のテーマとなった国鉄分割民営化を進めた元凶であり、また、この靖国懇も多数決で違憲論を押し切る場だったことについては批判しなければなりません。しかし、一九八六年の公式参拝は中止したこと、学術会議の指名について政府には裁量はないとした国会答弁などを見ても、中曽根氏には、憲法学、さらには学術に対する敬意が残っていたように思われます。これに対して、安倍晋三元首相は芦部教授の名前を知らないと国会で答弁しました。そして、菅義偉前首相も学術会議のメンバーを政権の好き嫌いで判断してかまわないと考えていたようです。岸田文雄首相が進める防衛三文書と大軍拡予算をみるとき、政府と自民党中枢からは、憲法・憲法学に対する敬意が消滅しているように見えます。

荒廃した日本の政治と、これに追随している司法のただなかで、私たち法律家はあきらめることなく、人々の生活の現場で救済しなければならない新たな人権課題を見出し、裁判官の良心を励ましながら、積極的な司法判断を引き出し、その解決に全力で当たると同時に、政治と立法にも働きかけながら、人々の生活を改善できるような法制度の確立のためにも立ち働いていかなければなりません。このような活動を先導してきた宮里先生が亡くなった現在、人権と民主主義を崩壊に導くような立法・憲法改正の企てがますます強まっています。このような動きに全力で抗するとき、芦部憲法学の理論と宮里先生の不撓不屈のスピリッツは、ともに私たちの希望の星であり続けることでしょう。

夫婦は離婚すれば他人となるが、労使は離婚することもできない。どんなに嫌な相手だとしても、付き合っていかなければならない。

――団結の力で、投資ファンドを相手方とする争議に勝利した東急観光事件の闘い

宮里先生は、投資ファンドを相手方として争議を闘い、勝利した東急観光事件についての総括を「サービス連合」結成二〇周年記念誌に寄稿しています。要約して報告します。

会社は外資に売却され、労働協約を破棄、団交開催を拒否し、一時金すら支給されなくなる

東急観光株式会社（現トップツアー株式会社）の親会社東急電鉄株式会社がグループリストラとして、二〇〇四年三月発行済株式の八五％を英国領ケイマン諸島を本拠とする投資ファンド（ＡＩＰ）に売却した。同年五月三一日の団体交渉で、会社はこれまでの組合との合意を一方的に覆し、「株主の変

更に伴い経営体制が変わった、経営方針も大きく変わった」「賞与については本年一回下期において支給する。原資は業績連動とし、前渡し分上期賞与は年間に含まれることから、六月の支給は行わない」として、夏期一時金の支払いはおろか団体交渉の開催まで拒否した。

投資ファンドも使用者に労働委員会に救済申し立て

組合は、六月一四日、東京都労働委員会に対し、夏期一時金の支払い拒否、団交拒否について、不当労働行為救済を申立て、組合は、ＡＩＰも「使用者」であるとして、団体交渉の開催を要求、ＡＩＰがこれに応じなかったため、一二月一六日、都労委に対し、不当労働行為（団体交渉拒否）救済の申立を行った。投資ファンドを「使用者」として救済申立をした初めての団交拒否・不当労働行為事件として注目を集めた。

多数の脱退で組合は存亡の危機に瀕したが

この事件で、社員会の設立による多数の組合員の脱退により組合は過半数を割り込み、存亡の危機を迎えた。組合は、連合・サービス連合からも全面的なバックアップを受け、都労委と裁判所での闘いを組み合わせ、裁判所からの和解勧告を引き出し、二〇〇五年一一月一連の紛争は、労働委員会での和解によって解決した。その後脱退者の組合復帰が相次ぎ、組合は再び過半数を獲得、闘いは組合勝利によって終結した。

＝　この事件をともに担当した、只野靖弁護士は、事件当時の想い出を次のように報告してくれました。

東急観光の親会社が、子会社である東急観光をファンドに売却し、それから、露骨な激しい労働組合攻撃が始まりました。ファンドは、経営陣に対して社員会（第二労組）を作らせ、労働組合を切り崩し、ついには、労働組合を脱退して社員会に入らなければ、賞与を支給しないとまで、双方の対立はエスカレートしました。

労働組合は、不当な組合差別だとして、直ちに裁判提訴。裁判所は第一回裁判において、会社側に対して、賞与を支払うよう和解勧告し、これをきっかけとして、双方が和解のテーブルにつくことに。

しかし、組合員の中には、それまでの会社側のやり方に憤りを抑えきれないものもおり、和解には反対だというものもいて、労働組合執行部は、板挟みの状態になりました。議論が出尽くして膠着状態になったその時、宮里弁護士、曰く。

「労使関係は夫婦のようなものだ。夫婦は離婚すれば他人となれるが、労使は離婚することもできない。どんなに嫌な相手だとしても、付き合っていかなければならない。こういうときこそ、一致団結しなければならない。」

これをきっかけとして、和解交渉が一気に進み、事件は一応解決。それから数年後、社員会は解散し、労働組合に合流しました。宮里弁護士のあの時の説得がなければ、労働組合は消滅していたかもしれません。あの言葉は、一生忘れることはないと思います。

依頼者に、人生を伴走してくれると思ってもらえるかが大切です

――弁護士冥利に尽きる解決、東芝府中事件

東芝府中工場で、原発の設備の制作をしていたUさんに対するパワハラ事件は宮里先生にとってとても大切な事件だったようです。弁護士ドットコムのインタビューに答えて、この事件についての深い想いを語っています。労働事件とは、依頼者の人生に伴走し、ともに泣き、ともに笑う、そんな関係を築くことだという声を聞いてください。

法的に、あるいは依頼者にとって、勝ちなのか、負けなのか。答えのない問いに、「負けても満足する事件もあるんです」と宮里氏は打ち明ける。

「本人が考えていること、求めていることを最大限引き出して、裁判で主張する。依頼者に『弁護士が思いを受け止め、やれるだけやってくれた。負けてもしょうがない』と思ってもらえるまでやるのが務めですね」

その思いを実感したのが、一九八二年に提起された東芝府中工場事件だ。

「いわゆるパワハラです。職場で大変ないじめを受けて、損害賠償請求をした。依頼者は精神を病

む寸前のところで、事務所に飛び込んできたんです」

依頼者は、同社工場製缶課の作業員として働いていた男性だった。入社六年目のある日、男性は「春闘を働く者の手に！　今や八％の攻防、これで生活を守れるのか」と題するビラを他の従業員に渡した。入社してからの昇格時、マイナス査定された事実はあったが、それが理由だったかは定かではない。

これに対し上司は、「昨日のビラはなんだ。始末書を書け。原文は俺が書く。お前はその通り書いてはんこを押すんだ」などと命じたという。以降、「作業日報を当日中に記さない」「機械を片付けない」「休憩中に一、二分目をつぶる」など、些細なことに対しても、上司は反省文を強要するようになる。こうした執拗な行動は約三か月におよび、依頼者は心因反応で休職。未払い賃金や損害賠償を求めて訴訟が提起された。

「あと少し遅れていたら、自殺していたかもしれない。そこから彼を激励して、裁判を起こしました。その過程で本人が元気になっていくんです。いじめられていたけれど、立ち向かっていくことで、自信を取り戻すことができたのでしょうね」

本事件で、被告である上司らは「従業員の不安全な行為や職務規律違反行為に対し、上司が注意や始末書等の提出を求めることは、指導監督権の行使として当然」という言い分だった。これに対し宮里氏は代理人として、被告側の不法行為責任や、損害における因果関係を争点にして闘った。係争中、宮里氏はかつて湧き起こった自らの問いかけを忘れることはなかった。

「一緒に悩みました。事件の経過だけではなく、『どう、最近、奥さん元気？』と声をかけたり、話をじっくり聞いたりして、その人が抱えている問題をできるだけ引き出して、訴訟の中で反映する努力をしました。

ある本に『判決の裏に人生がある』と書かれていました。まさに、その通りです。依頼者に、人生を伴走してくれると思ってもらえるかが大切ですね」

「一九九〇年、裁判所は被告が始末書を提出することの大部分に違法性がないとしつつも、依頼者が訴えた一部の行為については裁量権の逸脱があったとして不法行為の成立を認め、慰謝料の支払いを命じた。」

「不十分な慰謝料しかもらえなかったけれど、依頼者は自信を取り戻して定年まで働きました。最近、その彼から『三〇年前に先生に解決していただいて、無事定年を迎えました』という手紙をもらったんです。弁護士冥利に尽きますよね」（『月刊弁護士ドットコム』二〇一八年一一月より）

岩井章さんが「宮里君なら党派にかかわらずやってくれる」と僕を紹介してくれました。僕はだから「その他のグループ」の事件をやるようになった。

──政治的な潮流の異なる三つの原告団を結び付けて、統一交渉で半数の原職復帰を勝ち取った沖電

沖電気整理解雇事件

宮里先生は、『労働弁護士「宮里邦雄」55年の軌跡』の中で、「**一九七〇年代の争議でどうしても言っておきたい事件があります。私は、いろんな整理解雇事件をやりました。その中で、私がやった一番大きな整理解雇事件は、沖電気の整理解雇事件です。これは、一九七八年に整理解雇された事件で、当時、三井三池以来の大量の整理解雇と言われた事件です。**」として、沖電気事件を特に取り上げています。

沖電気は通信機メーカーの大手、当時の従業員は一万三〇〇〇人を超えていましたが、業績不振から一五〇〇人の希望退職を募集、希望退職に応じなかった三〇〇人が指名解雇されました。この整理解雇事件で、裁判闘争をたたかったのは七一人、東京田町工場、八王子工場、群馬県高崎工場などいくつか工場があり、東京地方裁判所、東京地裁八王子支部、前橋地方裁判所などいくつかの裁判所で訴訟をやった事件でした。

整理解雇反対闘争で、最終的には、いずれも判決が出ずに和解で解決しました(一九八七年)。闘争している原告(途中で一名が亡くなり七〇名)の半分、三五名を復職させるという和解となり、三五名を誰にするかの選別権はこちらにあるという珍しい解決でした。第二次指名解雇は認めない、「誰を選ぶかを会社が決めるなんてことは認めない、だから復職させるかどうかは我がほうで決める」ということで、組合側で、リストを出して、復職させるという合意が、裁判所の主導でできたのです。

この組合の中には党派的な対立も含めていろんな意見があり、一番多数であったのは、共産党系の活動家グループ、次いで、社会主義協会系の活動家グループ、それからその他の第四インターナショナルなどいわゆる新左翼系という、三つのグループに分かれていました。弁護団もそれぞれ別々でした。宮里先生は、事件の受任の経過についてこんな面白いことを述べています。

「僕は社会党系の弁護士だと思われていたし、そっちの事件が多かったものだから、協会系が頼みに来るかと思ったら、頼みに来なかった(苦笑)。その他のグループ、それが一〇人ぐらいいたかな。その人たちは、共産党系の人たちに「一緒にやろうよ」と言ったら拒否されてしまいました。協会系にも拒否され、行くところが無くなって、当時総評の岩井章事務局長のところに会いに行った。岩井さんが「宮里君なら党派にかかわらずやってくれる」と僕を紹介してくれました。僕はだからその他のグループの事件をやるようになった。」

「僕の立ち位置は、どちらかと言うと、総評弁護団という、みんなと付き合っている立場なので、共産党系の人もよく知っているし、いろいろ知っているわけで、僕が仲介の音頭を取るような形になって、三弁護団の会議とかいうのができて、三者の連絡会議もでき、和解に統一した対応で臨み、和解が成立をするということになりました。」

「半分を選ぶ時には、それぞれの派から半分を選ぶということになって。誰が残るかというのはいろいろ問題があったのですが、半分を選別して使用者にリストを出して、戻ったというわけです。

戻った後、ほとんどの人たちは定年まで頑張ったはずです。」(前掲書二八―二九頁)

「いろいろ問題があった」という一言の中に、宮里先生が、苦労された経過がさりげなく語られています。

平澤純子氏が、この事件に取材してまとめた「整理解雇紛争を終結させる人物に関する一考察」(川口短大紀要二八巻)という興味深い研究によると、このリスト作りに一年が必要だったと記載されています。この争議のリーダーであり最大の原告団の団長であったX氏は、この半数復職という解決案を裁判所に提起し、争議解決のために自ら復職リストから外れたと述べられています。大きな紛争を解決するためには、このような自己犠牲も必要であったということを忘れてはならないと思います。

宮里先生の労働弁護士人生において、争議の中で政治的な見解の相違によって生じた組織的な分岐を乗り越えて、統一交渉を実現し、和解解決を実現したやり方は、国鉄分割民営化の事件で、もう一度再現されます。宮里先生の皆をまとめ上げていく人間力によって、多くの困難な争議を解決に導くことができたのです。

異常な人事・労務政策とそれがもたらす不当労働行為・労使紛争は、公共交通の安全性を阻害する要因ともなる。

――要求の多数派から組織的多数派へ、ＪＲ東日本昇進差別事件の和解解決

国鉄分割民営化は、採用差別を中心に語られますが、大量の首切りこそ行われなかったＪＲ東日本・東海・西日本などでも、さまざまな露骨な差別が続きました。ここでは、国労東日本における昇進差別事件について、組合の求めに応じて宮里がまとめた「闘いの和解の意義と今後のとりくみ」についてまとめた文章を紹介します。

一九九一年に始まった昇進差別是正のたたかい

ＪＲ移行後も、会社の国労解体化を狙う攻撃は一貫して続けられてきた。国労の影響力を職場から排除し、国労の団結をそぐ、その手段としてさまざまな差別攻撃がとられた。

分割民営化直後は、差別の手段として主として用いられたのは、配属、出向、配転等の差別であったが、昇進試験制度導入後は差別の中心的手段は、昇進差別となった。

昇進差別は、国労組合員に対する経済的不利益を強いたのみならず、組合員から労働における誇りを奪い、団結そのものにも大きな障害をもたらした。

「国労にいては昇進できない」という試験のたびにくり返されるあからさまなみせしめは、脱退工作の有力な手段ともなった。

国鉄闘争さなかに福田護弁護士と（左端が宮里先生）

多くの組合員が、昇進差別に屈せず、国労組合員としての誇りを失わず、頑張り続けたが、昇進差別を許し続けたままでは、国労運動の将来は厳しいものとならざるをえないことは明らかであった。

「昇進差別に屈しない」たたかいから、「昇進差別を許さない」たたかいへ—昇進差別の是正を求める不当労働行為救済申立のたたかいは、かくして一九九一年から始まった。

ヴェールにかくされた試験制度のしくみと組合差別の実態を明らかに

昇進差別は「試験に合格しない以上昇進はない」という一見もっともな口実をかまえて行われてきたものであったが、労委での審理を通じて、ヴェールにかくされた試験制度のしくみと組合差別の実態を明らかにすることによって、福島地労委、岩手地労委では敗れたものの、秋田地労委、神奈川地労委、東京地労委で勝利命令を獲得し、昇進差別是正への大きな地歩を築いた。

中労委での和解協議

中労委は、昇進差別事件について都労委係争全事件を含めて一括和解の勧告をしたが、その背景には、配属差別事件についての二〇〇四年九月の中労委での和解成立があった。配属差別事件の和解成立までには多くの時間を要したが、和解の履行状況をふまえ、国労は、勧告に応じて和解協議に応ずる判断をした。

個人的感想をいえば、和解協議が始まる段階では、和解がまとまる可能性については、疑問を抱いていた。配属事件の和解履行の状況から、会社の国労に対する対応の変化を感じていたものの、会社が国労差別の中心手段である昇進差別をほんとうにやめようとしているのか、それには会社トップによる労務政策転換の判断が不可欠であるが、果たしてそう判断しているのか、半信半疑の思いであった。

和解協議を重ねるなかで、和解に向けての会社の前向きの姿勢を感じる場面が増えていったが、しかし、解決のあり方について、基本的対立点は解消されなかった。

組合が求めたのは、①被差別組合員への差別の是正（昇進の実現）、②過去の差別の金銭的補償、③今後の昇進試験の公正かつ公平な実施、④公正かつ公平な試験制度のための制度改正、であったが、会社が④については試験制度の根幹にふれるとしてこれを強く拒否したため、和解は難航した。

和解協議中の昇進試験で会社の態度に変化

和解協議中に、昇進試験が行われ、この結果をわれわれは注目して見守った。組合が最終的に和解の決断をしたのは、二〇〇五年度の昇進試験における結果を評価したことによるものであった。和解内容には、不十分さは残るものの、二〇〇五年度の昇進試験の結果は、会社が真剣に和解を決断していること、公正かつ公平な試験の運用を検討したことを示すものと把えることができるものであったし、また、国労との労使関係改善のメッセージを読みとることができるものであった。

①の要求については、和解において直接実現できなかったものの、今後の昇進試験を通じて昇進を実現する決断をし、②の金銭的補償と③の公正かつ公平な試験の実施に和解協議の焦点をしぼり、和解を成立させることになった（二〇〇五年一〇月三一日）。

和解の評価と今後のとりくみ

どうして今回和解が成立したのか。他労組との異常な癒着した労使関係に大きなきしみが生じていることがその背景のひとつにあげられるであろう。他労組とそのような労使関係を続け、一方において国労を差別し続けるという労務政策はもはやとり得なくなっているのではないか。

JR西日本の事故をもち出すまでもなく、鉄道の安心・安全に対する社会の評価は厳しい。異常な人事・労務政策とそれがもたらす不当労働行為・労使紛争は、公共交通の安全性を阻害する要因ともなる。能力や技量があっても、国労組合員であるが故に昇進させないという差別攻撃は、もしいったん大事故が起きることになれば、その要因のひとつとして厳しい指弾を受けることになることは必至である。

JR東日本が企業の健全なあり方を真剣に考えるならば、国労との正常な労使関係形成という視点は不可欠なはずである。

今回の和解成立をもって、国労敵視の労務政策は転換したといえるか。この点の評価を下すにはいま少しの時間の経過と会社の今後の対応を見守る必要があるが、転換への方向性を示したことは確かであろうと思われる。

このような状況を作り出した基本的要因は、一三年余にわたる昇進差別に対するたたかい、差別に屈せず、試験に挑戦し続けた多くの組合員の努力である。

より公正かつ公平な、そして客観性と透明性のある試験の実現を

今後の課題のひとつは、より公正かつ公平な、そして客観性と透明性のある試験が行われることである。和解においてもこの点に関するいつくかの合意がなされている。しかし、いかなる制度であっても、それを運用するのは使用者である。国労嫌悪と差別の政策がある限り、公正かつ公平な運用は、期待し得ない。昇進試験の公正な実施は、国労差別の労使関係の転換を求めるたたかいと不可分一体である。来年度以降の試験においてこの点の監視が引き続き行われる必要がある。

能力・知識・経験がある以上、まじめに働く国労組合員が昇進するのは当然のことである。この当たり前のことを今後の昇進において定着させていかなければならない。

昇進試験制度の改正を

第二に、昇進試験制度の改正である。運用の改善はいくつか約束されたが、制度そのものについての国労の改正要求は実現していない。一定年数在留による昇格制度など、昇進試験制度が差別の道具となるようなしくみを改めさせるとり組みが引き続いて行われる必要がある。

国労は分割民営化以降のさまざまな差別攻撃を受けながらも、自らの運動の正しさに確信をもち、「要求の多数派から組織的多数派へ」の取り組みを続けてきた。しかし、昇進差別攻撃はこの取り組みの前に大きな壁として立ちはだかってきた。

和解を、団結拡大への途を切り拓くものと位置づけ、組織拡大を実現する取り組みに生かして欲しい。」

私（海渡）は、この和解の交渉を、宮里先生のすぐ隣でずっと注視していました。ここには書かれていませんが、この困難な事件の和解と、さらにその後のすべての係争事件の和解解決は、中労委が積極的に動いたからこそ実現できたものではありますが、その根元には宮里先生とＪＲ東日本の代理人であった西総合法律事務所の西迪雄弁護士との不思議な信頼関係があったことを指摘しないわけにはいきません。西弁護士は、ＪＲ関係の多くの事件を担当しました。労働委員会の審問廷で、国労側の弁護士と激しくやり合いました。

昇進差別事件の審理が中労委に集中して審理されるなかで、国労側から昇進差別の動かぬ証拠が提出され、中労委での救済命令が出されることは必至という情勢ではありましたが、西弁護士は、和解の席で、「この事件は宮里弁護士と和解をしたい」と述べられました。おそらくは、会社の幹部と西弁護士が相談をされ、昇進差別の事件を和解で解決したいと決断されたのではないかと推察します。宮里先生の高潔・無私の性格は、百戦錬磨の経営側弁護士からも尊敬されていたことがわかります。

集団的労使関係を形成することは労働委員会しか成しえない役割である。

宮里先生は、労働者団結を守るための労働委員会制度を重視し、労委労協の顧問として、労働委員会の労働者側委員のパワーアップのための研修に力を注ぎました。その講演録には、不当労働行為制度に関する最新の判例が紹介され、その活動の道しるべとなりました。ここでは、平成二五年度労働側委員合同研修の結論部分を抜粋して紹介します。

労働委員会は、裁判所とどこが違うか。決定的に違うのは、それは三者構成、特に労使関係の実態や実情に通じている参与委員が参加することによって、集団的労使関係の中で生じている諸問題を解決すること、団結権保障というコンプライアンスを踏まえた集団的労使関係を形成するということだろうと思います。これはまさに労働委員会しかなし得ない役割であり、この点については、裁判所は到底労働委員会に代わり得るものではない。

この専門性を生かした不当労働行為事件の解決をどれだけ迅速かつ適切にやれるかということが、いま、労働委員会の存在意義にかかわって問われている問題だろうと思います。

労働委員会に問題を持ち出せば、ゆがんだ労使関係が是正される、使用者の反組合的な対応が労働委員会を通じて是正される。労働者・労働組合の労働委員会への期待はここにあると思います。

労働契約法二〇条裁判は、労働における正義を実現するたたかいである。

この文章は、『労働情報』二〇一四年新年合併号に「労働契約法二〇条裁判の意義と労契法二〇条裁判をたたかう郵政原告団を支える会の結成について」と題し、「労働契約法二〇条裁判をたたかう郵政原告団を支える会」呼びかけ人として寄稿したものです。宮里弁護士が長澤運輸事件をはじめとして労働契約法二〇条裁判にこだわった理由が、よく理解できます。


有期雇用労働者に対する不合理な差別は、雇用社会における不正義であり、二〇条裁判は、労働における正義を実現するたたかいである。

有期雇用労働者に対する労働条件差別が、有期と正規（無期）との団結分断の壁ともなってきたことからすれば、有期と正規との連帯を実現するためにも、差別の是正を通じこの分断の壁を打ち壊す必要がある。

非正規労働者が拡大し続けるなかで、今や非正規労働者の組織化なくして労働組合の組織拡大を展望することは困難だ。

二〇条裁判は、直接には有期雇用労働者に対する差別是正・労働条件改善のたたかいであるが、それは同時に、団結の壁となっている差別処遇をなくし、ともに働く仲間として連帯するための団結基盤を形成するためのたたかいでもある。

労働組合は会社の病気を知らせる神経だ

労働組合の役割をわかりやすく説いた言葉が、「東武トップツアー労働組合機関紙二〇一七年」にありました。要約して紹介します。

「労働組合の役割は、第一に団体交渉によって、労働条件の決定・変更についての合意を図って、労働条件を改善すること、第二に、組合員が不当解雇、パワハラ、セクハラなどの不当な処遇を使用者から受けた場合、会社の責任を追及し、是正・撤回を求めることですが、さらに、第三には、会社に労働法令違反や、コンプライアンス上の問題があれば、その点を指摘し、是正を求めることです。『労働組合は会社の病気を知らせる神経だ』と言った経営者がいましたが、労働組合の存在と活動は、健全な企業の維持発展にも必要不可欠なものなのです。」

この「労働組合は会社の病気を知らせる神経だ」という言葉は、しばしば宮里先生が口にされた言葉です。もとをたどれば、この言葉は、当事務所とも縁が深いヤマト運輸労組の雇用主、ヤマト運輸の創業者である小倉昌男氏の言葉です。小倉昌男氏は「労働組合は会社の神経だ。痛いところを知らせるのが役目」と言われていたそうです。現場の声を経営に届ける、これこそが労働組合の基本的な機能と言えるでしょう。

労働者の権利は孤立したものではなく、仲間によって守る社会的権利。団結がなければ権利は守られない。

―「日本教育新聞社事件」の苦い結末からつかみ取った教訓

この言葉は、二〇二一年一〇月二三日付朝日新聞朝刊「ひと」欄に掲載された宮里先生の言葉です。

「弁護士登録直後に手掛けた事件。新聞社の労働組合委員長だった記者が営業職への出向を拒否して解雇。和解で復職した後に組合が消滅、当事者が孤立して自死した結末で、「思い知った」という。「団結の強化が『勝つ』ということだ」(同記事)。

宮里先生は、弁護士となって第一号事件として担当したこの日本教育新聞社事件の悲劇的結末を生涯語り続けました。弁護士生活五五年を記念して出版された『労働弁護士「宮里邦雄」55年の軌跡』(論創社、二〇二一年)の冒頭でも六頁にわたって、この事件のことを語っています。なぜ、宮里弁護士は、労働委員会命令を勝ち取り、原職に復帰した争議当該が、組合が消滅していたために職場で孤立し、自死を選んだという悲劇を語り続けたのでしょうか。以下に要約して紹介してみます。

宮里先生が弁護士になったのは一九六五年、労働運動の高揚期でした。最初に担当した労働委員会への不当労働行為救済申し立て事件が日本教育新聞社事件でした。日本教育新聞社において組合結成の中心人物がYさんでした。彼は、組合結成のため中心的に活動し、結成後に組合委員長になりました。会社は、このY記者に対して、「営業担当をしろ」と関連会社へ出向を命じました。組合は、「これは組合潰しの出向である。従って、本人も組合も拒否する」というスタンスで出向命令を拒否したところ、命令拒否を理由に解雇されたという事件です。

事件の争点は、会社から出された出向命令は、委員長のYの組合活動に対して、会社側がこれを嫌悪して発した出向命令であり、不当労働行為に当たるか否かでした。東京都労働委員会は、これを不当労働行為であると認定し、会社に出向命令の撤回および解雇の撤回、現職復帰を命じました

（一九六六年一二月二四日都労委命令）。会社は中央労働委員会に再審査の申立てをし、中労委で和解が成立して、本人は元の職場に新聞記者としての職務に復帰するという和解が成立しました。解雇されてから和解に至るまでに三年少し掛かっていますが、労働事件としては完全に勝利した事件だったのです。

しかし、Y記者が闘争中に一緒に組合を作った仲間に対して、会社側の圧力があったためか、次々に組合を脱退して、Y記者が中労委で和解して復職をする動きが生じた時には、会社がオルグしたのでしょうが、「Y君の復職に反対する」という署名活動まで行われてしまいました。

彼は「復職してもどうなるだろうか」と非常に悩みました。「しかし勝って、復職なんだから完全勝利だ」ということで復職をしました。けれども、実際に職場では、ほとんどの組合員が脱退してしまったところに復帰し、職場の中で孤立し、誰も口も聞いてくれないというよう状況であったために、一種の精神的な病となって、会社を休むことが増えました。

私はこのたたかいを支援した当時の「専門紙労協」という専門紙の組合の役員と一緒に、東京の足立区に、Y君の団地を訪ねて激励に行きました。その時には、Y君はあまり語らなかったけれども、私達は彼を激励して、「頑張って。何かあったら、また相談に乗るから。」という話で別れたんです。

宮里先生はYさんのことについて次のように語っています。

彼は三〇代前半ぐらいで、新婚間もない若夫婦でした。和解を勝ち取ってすぐ後ぐらいに結婚したばかりでした。Y君は、東大の文学部出身で非常に文章が上手で、私が書いた労働委員会に出す準備書面の文章の添削をやってくれたりするほど有能な青年でした。

その一か月ぐらい後に、彼は自殺するんです。原因は、彼の復職後の職場での孤立感と言うか、精神的に追い込まれて自殺という道を選んだのではないかと思えるわけでした。私は、大変ショックを受けました。命令で勝って、職場復帰を実現して、労働委員会闘争としては完全勝利した。しかし実際は、闘っていく中で組合は潰されて、しかも彼は自殺に追い込まれたということになったわけです。

宮里先生は、朝日新聞の「ひと」欄だけでなく、労働者の団結の重要性を説くときに、必ずと言ってよいほど、この事件に言及しました。このような悲劇的な出来事を繰り返してはならないというYさんへの強い鎮魂の想いが、宮里先生にこの話を繰り返し語らせたのだと思います。

不当労働行為などについて、いったい何が労働組合にとっての勝利だと言えるのかというようなことを突き付けられた事件でありました。いろんな不当労働行為を巡る事件をやる中で、「勝つ」ということは、そのことを通じて組合の団結が強化されることなのだ、と考えるようになりました。裁判に勝つとか、命令をとるとか、それだけじゃないんだと。「労働組合にとっての本当の勝利とは何か」ということを考えさせられる事件でした。これはずっと一貫して、常に私の頭の中にあります。

自分が担当した事件の悲劇的な結末は、普通は話したくないことのはずです。このことを繰り返し語った宮里先生の態度は本当に立派です。私たち労働弁護士は、一つひとつの労働事件とその解決が、当事者である労働者の人生に何をもたらすのか、その事件とその解決が職場における団結の強化につながるだろうかということを、当該、組合、支援者とともに真剣に考えつづけていかなければならないと思います。

労働者は汝の権利を団結のなかに見い出すべし

宮里先生が、当事務所が顧問をしている東京ユニオンの機関誌『GU』の「法律コラム」欄に、コロナ禍のただ中の二〇二〇年の夏にこんな珠玉の原稿を残していました。コロナ禍は、人と人との接点を希薄化し、労働組合が団結することを困難にしました。ズームの使用が拡大するまでは、大会も書面開催になったりもしました。そのような状況で書かれた珠玉の語録「労働者は汝の権利を団結のなかに見い出すべし」を労働運動の現場で闘う皆さんに届けたいと思います。

本コラムのタイトル「闘争のなかに汝は汝の権利を見出すべし」は、『権利のための闘争』（岩波文庫）を著した一九世紀後半のドイツの代表的法学者ルドルフ・フォン・イェーリングの言葉である。私は労働組合で講演する際にこの言葉を好んで引用する。『権利のための闘争』という考え方は、労働弁護士として数々の労働者・労働組合の権利闘争にかかわるなかで、我が実感、我が信条となった。

よく引用されるイェーリングの有名な一句「権利＝法の目標は平和であり、そのための手段は闘争である」は前掲書の冒頭に出てくる。この一句も、講演の際によく紹介している。ちなみに、この冒頭の句に続いて、「法は闘争なしではすまない。法の生命は闘争である。世界中のいっさいの法は、闘いとられたものであり、すべての重要な法規は、これを否定する者から奪いとられなければならなかった」とイェーリングは述べている。

わが日本国憲法も高らかに宣言しているではないか。「この憲法が日本国民に保障する基本的人権は、人類の多年にわたる自由獲得の努力の成果であって……」と（憲法九七条）。

権利も法も紙の上に書かれているだけではなんの価値もない。労働基準法も、労働契約法も、労働組合法もそれを生かし、守らせるたたかいがなければ、法は死文の塊となり、権利は紙の上だけのものとなる。

イェーリングの言葉は、ローマ法の法格言「法は権利の上に眠る者を保護しない」（一定期間に権利を行使しなければ権利は消滅するという消滅時効制度の基本的考え方などを示している）とも共通しており、権利の実効的保障にとって権利のための闘争が必要不可欠であるという権利闘争の普遍性を示している。

労働者の権利・労働組合の権利闘争についていえば、市民の権利闘争とは異なる大きな特徴がある。それは、労働者は連帯し、団結して権利のための闘争を行うことができるきわめて優利な闘争手段（「労働基本権の保障」）を有しているということである。

イェーリングの著書は同書が一八七二年刊行という時代的制約もあって、団結権については論じていない。しかし、もし、イェーリングが今「権利のための闘争」の「労働者版」を執筆するとすれば、労働者の権利の実現にとっての団結権の持つ重要な意義について論及していたであろう。

労働者にとっての「権利のための闘争」とは、連帯し、団結して権利の実現を目指す闘争にほかならない。

新型コロナウィルス感染拡大のもと、多くの雇用が奪われ、賃金・労働条件の切り下げが行われるなど、労働者に厳しい状況が生じている。

労働者にとって危機ともいうべき今こそ、労働者は連帯し、労働者の連帯組織としての労働組合は権利闘争の担い手として、その存在意義を発揮しなければならない。

一九世紀イギリスでパブと呼ばれる居酒屋に集まって労働者が議論を交わしたのが、労働運動の始まりであった。目下のところ、残念ながら居酒屋には集いにくい状況が続いているが、この機を「権利のための闘争」についてじっくり考える機会としたいものである。

「労働者は汝の権利を団結のなかに見い出すべし」

当時三木政権は問題に対して柔軟な姿勢でした。ストライキ禁止の開放の方向へ検討をはじめていたんです。そういう状況だったのに、ストライキをやった。

――スト権ストとは何だったのか、その敗北は労働運動に何をもたらしたか

国鉄分割民営化について語る前に、その前史として、どうしても語っておかなければならない事件が、一九七五年一一月に闘われたスト権ストであり、これに対して国鉄が国労などに提訴した二〇二億円の損害賠償請求訴訟です。国鉄分割民営化前の国労にとって、まぎれもなく、この事件が最大の事件でした。

宮里先生は『労働弁護士「宮里邦雄」55年の軌跡』でも、分割民営化を論ずる直前の章で、この事件のことを語っています（七九―八五頁）。しかし、若い労働組合員や弁護士には、スト権ストと言っても、約五〇年近くも前の出来事であり、まず、なぜスト権ストをやらざるを得なかったのかから説明する必要があるでしょう。

揺れ動いた最高裁

戦後労働運動の牽引車は総評であり、とりわけ国労を中心とする官公労でした。官公労はストライキ権回復のための法廷内外での闘いを進めました。ＩＬＯも何次にもわたって、日本政府に制度の改正を勧告しました。

そのような取り組みの成果として出されたのが、全逓東京中郵事件最高裁判決でした。

全逓東京中郵事件の最高裁大法廷判決（一九六六年一〇月二六日）について、説明しましょう。一九五八年（昭和三三）春闘の際、東京中央郵便局で全逓の組合員が勤務時間内に職場を離脱して職

場大会に参加したことが、郵便法第七九条一項（郵便物不取扱罪）にあたるとして、組合役員がその教唆犯として起訴されます。争点となったのは、郵政職員に適用される公共企業体等労働関係法第一七条で禁止される争議行為を行った場合、労働組合法第一条二項（刑事免責規定）の適用が否定され、郵便法の罰則適用を受けるか否かが争われました。第一審は無罪、第二審は原判決を破棄差戻ししました。被告が上告したのに対し二審に破棄差戻ししました。この判決は、公共企業体等労働関係法第一七条を憲法違反とまでは述べていませんが、労働基本権を尊重する姿勢を示し、まず、労働基本権の合憲的制限の条件として、

①合理性の認められる必要最小限のものであること、
②職務または業務の停廃による国民生活への重大な障害を避けるために必要やむをえない場合であること、
③刑事制裁を科すことは必要やむをえない場合に限られるべきこと、
④以上の制限にはこれに見合う代償措置が必要であること、

を示しました。
そのうえで、刑事制裁が科されるのは、
①政治目的の場合、
②暴力を伴う場合、
③国民生活に重大な障害をもたらす場合（たとえば長期スト）、

に限られるとしたのです。

戦後の権利闘争が生んだ大きな成果であり、立法によってスト権の回復につながることが期待されました。しかしながら、このような、労働基本権尊重の流れは、一九七三年の公務員に関する全農林警職法事件最高裁判決（一九七三年四月二五日）で覆されます。「国民全体の共同利益」のためという抽象的な人権の制約原理を示し、公務員の地位の特殊性と職務の公共性を理由に、労働基本権の制約を承認する従来の立場に復してしまったのです。

全逓中郵判決も同じ日の別の職場に関する全逓名古屋中郵事件判決（一九七七年五月四日）において覆され、公務員と公社・現業職員は団体交渉権、争議権を憲法上当然に保障されているものではないとの判断を示すに至ったのです。この時期は裁判所の内部で、青法協裁判官部会に属する裁判官に対するすさまじい差別＝ブルーパージの嵐が吹き荒れた時でもありました。

最後の賭けだったスト権スト

ストライキ権の奪還が、司法の場での闘いによってはむつかしい状況に追い込まれる中で、官公労はスト権ストを構える中で、状況を転換しようとしました。一九七五年一一―一二月には八日間のストライキが闘われました。

時はハト派と言われた三木武夫首相、長谷川峻労働大臣も労働組合に融和的で、後に詳しく述べるように、自民党内で問題を担当していた倉石忠雄氏が何らかの譲歩案が出されるようなサインを国労に示したという証言もあります。

しかし、政府は頑として交渉に応じず、ストライキで、政治的要求を貫徹するようなやり方は認められないという方針で、自民党内はまとまり、ストライキ権を奪還することはできなかったのです。自民党は、椎名悦三郎副総裁＝中曽根康弘幹事長のラインで固められ、ストライキは敗北したのでした。中曽根氏は、『天地有情―五十年の戦後政治を語る』（一九九六）の中で、党は我々ががっちりと抑え、三木政権に国労側との妥協を許さなかったと誇らしげに語っています。

一九七五年にスト権ストに打って出たことは正しい選択だったか

このスト権ストに先立つ一九七三年には、国労と動労の順法闘争によって、列車が遅延し、満員列車が遅々として動かないという状況が生まれました。国労と動労は、安全運転規範などの諸規則を厳格に遵守し、列車の運行が遅延することを逆手に取り、諸規則を遵守することを内容とする順法闘争を繰り広げたのです。

これに反発した乗客によって、三月一三日に高崎線上尾駅で暴動事件が発生し、四月二四日には、さらに規模が拡大し、首都圏の多くの駅で、同時多発的な暴動が起きました。そして、その二年後に、国労は政治目的の無期限全面ストライキに打って出たのです。

前述した本の中で、宮里先生は、この戦術について「『かえってまずかったんじゃないか』とか、いろいろあったんですけれども、**当時三木政権は問題に対して柔軟な姿勢でした。ストライキ禁止の開放の方向へ検討をはじめていたんです。そういう状況だったのに、ストライキをやった。**」（八三頁）と、微妙な発言でおわっていて、明確な意見までは述べていません。

私（海渡）は、この時東京大学の教養学部二年生、二〇歳でした。キャンパスに国鉄労働者の方々がストライキへの支援を求めるビラをまきに来たこともありました。交通機関が止まっているなか、大学自治会が会合を開き、徒歩で集まってこのストライキを支援するかどうかという議論を学内でしたことを覚えています。私は、このストライキについてのテレビ報道にかじりついてみていたと思います。

そんな私の目から見ても、テレビに出演し続けた国労幹部（富塚三夫書記長だったと思います）の、「このストライキがやむを得ないものであることの市民に対する説明」は十分とは言えなかったと思います。なにより市民からの共感を得る必要がありました。普通の市民がみずからの生活の不便をすこし我慢すれば、結果として普通の企業の労働条件の改善にもつながるのだという理解を得る必要があったのです。確かに、自民党公労法問題調査会小委員長の倉石忠雄氏が、富塚氏に対してスト権付与を匂わせるような発言をされたのでしょう。しかし、政府は、与党自民党の意向に反する判断はできなかったのですから、自民党の副総裁が椎名氏、幹事長が中曽根氏という強硬なタカ派で占められているという事実のもつ意味をよく認識したうえで、スト決行の決断は行うべきでした（NHK戦後五〇年その時日本は「国鉄労使紛争　スト権奪還ストの衝撃」〈一九九六年一月一三日放映〉を参照のこと）。

一九七六年一月に示された公労協のスト権スト中間総括では、次のような指摘がなされています。

・強大なストを構えたが、敵の力を凌駕するにいたらなかったことは率直にみとめなければならない。

・総評や春闘共闘委全体は不況下の民間組合の停滞傾向によって、われわれのたたかいを十分包み発展させえなかったことを反省しなければならない。

・教宣活動とたたかいを通じて、スト権回復を支持する層の拡大をはかった。しかし一方では、政府・自民党の違法スト論、迷惑論、政治ストなど、われわれと国民の間にクサビを打ち込み、分断をはかる攻撃は強く、現実にストによって直接影響を受ける層からの「迷惑論」もあり、今次闘争を教訓とし、われわれ自らもこれを克服することによって、主体的な活動強化とたたかいからスト権の正当性とその基底となる人権と民主主義確立を運動的に国民諸階層に浸透させなければならない。

などの反省が示されています（『国鉄労働組合四〇年史』三六七頁）。国民の世論に支持されなかったという点が克服すべき課題として認識されていたことがわかります。

国労本体の一九七六年七月の定期大会での総括では、スト権の回復はできなかったが、組合員の中に敗北感はない。国民の三分の一はスト権に理解を示した。世論をリードするにはジャーナリズムを重視しなければならないなどの視点が示されています（前掲書三六八―九頁）。

官公労と民間、正規と非正規と労働者が幾重にも分断され、民間の労働者が不況下にあるときに、官公労労働者がストライキは禁止されていても、相対的には安定した生活水準と組合活動を確保できていることを正確に自覚して、民間の労働組合・未組織の労働者との共闘を積み上げたうえで、このスト権ストは闘われるべきだったと思います。

宮里先生は国労の運動を守らなければならない立場でしたから、そのような批判は終生控えられました。しかしこのインタビューの行間から、宮里先生の胸のうちにも同じような想いがあったように私には思えてなりません。

自民党が国鉄に起こさせた二〇二億円の損害賠償訴訟

その後、国鉄は、国労・動労などに対して、二〇二億円の損害賠償訴訟を提起しました。この訴訟について、宮里先生は前掲書の中で、政府（自民党の幹事長である中曽根氏ら）が国鉄に圧力をかけて訴訟をやらせたと述べています（八二頁）。そのとおりだったでしょう。

国鉄は、一九七六年二月国労と動労を被告としてストライキによる損害二〇二億円（減収額二六二億円から経費節約額六〇億円を控除した額）の賠償請求を東京地方裁判所に提訴し、国労を社会的・経済的に追い詰める戦術をとるようになりました。そして、この損害賠償訴訟は、国鉄分割民営化への導火線となりました。

この訴訟の被告は国労と動労でしたが、動労が労使共同宣言によって分割民営化に賛成し、ストライキを行わないと約束したとして、国鉄は、一九八六年九月三日に、動労に対する訴えを取り下げました。露骨でしたね。

国労に対する訴訟では、国労側が、この訴訟が国労つぶしの不当労働行為であるという原則的な主張をする一方で、二〇二億円という数字に根拠がなく、管理者らの手によって運行可能であった区間が多く存在するという論争を展開し、訴訟を長期化させる戦術を取りました。そして訴訟そのものは、亀井静香運輸大臣の仲介によって国鉄分割民営化の七年後の一九九四年に、八重洲にあった国労会館の明け渡しと二〇二億損害賠償の訴えの取り下げという形で決着を見ました。国労は、会館の明け渡しに際して明渡料を出させ、それを元手に新橋に新しい会館を立てることができました。このような経過となったことは、採用差別に苦しむ中での苦渋の選択であり、やむを得ない面があります。しかし、このスト権ストとこれに引き続く国鉄分割民営化、そして争議権の行使を抑制することを基本方針とする企業内組合を核とした連合の結成こそが、民間の労働組合まで含めてストライキを決行することがまるで犯罪と同視されるような社会状況を産み出し、一九八〇年代に戦後二度目のピークを迎えていた労働争議件数の八〇年代における激減をもたらしたことは間違いありません。

宮里先生の生涯は、政府・自民党と大企業、さらには司法機関が、陰に陽に連携してすすめた、労働基本権とりわけ争議権＝ストライキを抑圧しようとする体制との闘いであったといえるでしょう。

社会的に広く存在する事実があっても、そしてたとえそれが社会的に容認されているとしても、それが法に照らして許されるかどうかを判断するのが司法の使命ではないでしょうか。

――最高裁が労働契約法二〇条の判断基準を示した事件での最高裁弁論より

労働契約法が改正されて、二〇条により、期間の定めがあることによる不合理な労働条件の禁止が定められましたが、長澤運輸事件では、定年後再雇用者（有期契約労働者）が、定年を境に、正社員（無期契約労働者）当時より大幅に賃金が切り下げられたことの是非が問われました。

東京地裁では、労働者側が全面的に勝訴しましたが、東京高裁では、逆転判決がなされてしまいました。労使双方が上告したところ、最高裁は、労働契約法二〇条の判断基準を示し、労働者側の請求を一部認め、高裁に差し戻しました（二〇一八年六月一日判決。判例時報二三八九号一〇七頁）。その後、高裁で和解が成立しています。

この最高裁判決により、有期契約の定年後再雇用者にも労働契約法二〇条が適用され得ることが明確にされたばかりではなく、同日に言い渡されたハマキョウレックス事件判決とともに、同条の判断基準が示されたことにより、これは改正パート・有期労働法八条の条文や同条の行政通達にも活かされることになりました。

2018年6月1日長澤運輸事件最高裁判決を受けての記者会見にて

＝　最高裁弁論の一部を紹介します。

原判決は、本件有期労働契約が定年後再雇用のそれであることを重視して、本件における賃金格差の不合理性を否定したものでありますが、その論旨の核心は、「定年後再雇用においては職務内容が同一であっても定年前と比較して賃金減額が一般的に広く行われ、社会的にも容認されている」ということにあります。

賃金格差が広く行われているという社会的事実は確かに存在します。しかし、だからといって「社会的に容認されている」というのは、誤りです。

雇用社会は労使によって構成されているものです。使用者は人件費コストを削減するために、格差を良しとして容認しているかもしれませんが、決して労働者が容認しているわけではないのであります。社会的容認論は、一方に偏した見解です。

「存在するものは合理的である」とは彼のドイツの哲学者フリードリッヒ・ヘーゲルの有名な言葉でありますが、原判決は、「賃金格差は存在する。存在するが故に『合理的である』」というのでしょうか。

「社会的容認」を論拠として、本件賃金格差の不合理性を否定した原判決は、労契法二〇条の立法趣旨に真っ向から反するものであり、二〇条規範の実効性を著しく弱め、事実上無意味ならしめるものであります。

社会的に広く存在する事実があっても、そしてたとえそれが社会的に容認されているとしても、それが法に照らして許されるかどうかを判断するのが司法の使命ではないでしょうか。原判決の判断は司法判断の停止、いや司法判断の放棄と言わざるを得ません。(二〇一八年四月二〇日弁論)

この弁論には、不正義な状況を「社会的容認」という言葉を用いて追認するような裁判所に対する強い怒りとともに、本来はこれを正すべき機関である司法への期待が込められており、宮里の弁護士として司法に臨む姿勢が現れていると思います。

定められている業務基準は、私は事実上無限定に近いと思います。このような基準では、あらゆる産業分野に派遣事業が拡大される危険性をぬぐうことはできません。

——労働者派遣法の制定に反対した国会参考人意見陳述より

一九八五年六月一一日、労働者派遣法が成立しました。労働者の大反対（五月二七日の反対集会には日比谷野音に七千人が集結）を押し切っての立法でした。

これに先立つ五月二九日、宮里先生は、国会の委員会で参考人意見陳述を行い、派遣法制定を正当化しうる立法事実はない、と述べています。

═══

高梨先生のところには段ボール十個の資料があるかもしれません。しかし、私どもは見ておりません。国会の先生方も恐らくごらんになっていないんだろうと思います。まず実態が明らかになること、これが大前提ではないでしょうか。

═══

立法を推し進めた高梨昌信州大学経済学部教授に対して、右のとおり、舌鋒鋭く、自分にも国会にも、その段ボールの資料は開示されていない、職安法四四条の労働者供給事業の禁止を一部解除することが労働者の保護に資するという立法事実はない、と迫っているのです。

そして、法案の問題点を六点に絞って挙げ、「三年後見直し規定の修正決議」を設けることで見切りスタートしようとした国会の姿勢について、「蟻の一穴」となるとの警告を発しました。

═══

四条一号、二号で定められている業務基準は、私は事実上無限定に近いと思います。このような基準では、あらゆる産業分野に派遣事業が拡大される危険性をぬぐうことはできません。

私は、この種の法案は、一たび成立するならば、そのもとで派遣事業が拡大し、派遣労働が大量に生まれるという既成事実が生まれた後に法律の見直しをすることは容易ではないと思います。

═══

その中で『八幡製鉄所八十年史』に言及し、使用者側が法の改悪を「待望の法改正」と社史にまで記載していることを「歴史の教訓」として語る構成が、労働法制への深い造詣を感じさせ説得力を持つと同時に、ユーモアを忘れない内容となっています。

昭和二七年に職安法施行規則が改悪され労働者供給事業と請負契約の認定基準を定めた職安法施行規則が改悪され社外工を増やし、派遣型の請負をふやした遠因となったことについて触れて以下のとおり述べています。

八幡製鉄所八十年史というものがございます。（中略）戦後二七年に至り、待望の職安法が改定改訂されたと述べているのであります。この待望という表現の中に、職安法がいかに目の上のたんこぶであったかを如実に示しているのであります。（中略）後に、昭和六十年に待望の労働者派遣法が制定されたと言われるのではないかと危惧するものであります。

当院におかれまして、以上の問題点について十分な審議を尽くされ、法案の成立を急がれることなく、慎重な審議を尽くし、抜本的な再検討を要望して意見の開陳を終わります。

（一九八五年五月二九日。参議院社会労働委員会での意見陳述。当時総評弁護団幹事長）

この宮里先生の警告は残念ながらその後の派遣業務の拡大によって現実化してしまいました。しかし、この法制の導入に当たって、それに徹底して抗した労働弁護士の声があったことは忘れてはならないことです。

もともと組合活動というものは、使用者の意にそわないものであるし、なんらかのかたちで使用者の施設管理の権能を制限するものである。組合活動をする権利もまた、使用者の所有権と同様に憲法で保障されている。

――国労札幌運転区ビラ貼り戒告事件

私（海渡）が、職場内における労働組合のビラの配布、ビラ貼りに関する極めてホットな事件（昭和シェル石油事件）を担当して、準備書面を書いているときに国労札幌運転区ビラ貼り戒告事件の判例を見つけました。高裁で組合側が勝訴し、最高裁で逆転敗訴しているケースでした。もしやと思い、宮里先生にこの事件のことを尋ねてみました。宮里先生は嬉しそうに鼻をうごめかして、この事件の経過と判決内容を解説して下さっただけでなく、「この事件は僕が担当したんだよ。長く、上野発の夜行列車と青函連絡船に乗って北海道に通ったものだ。懐かしい思い出だ。」などと当時の話をしてくださいました。

手元にある『国鉄労働組合四〇年史』（労働旬報社、一九八六年）に、この事件の解説が掲載されていますので引用してみます。

この札幌駅ビラ貼り事件は、「マル生」攻撃のはじまる一九六九年の春闘時に起こったものである。

このとき国労は賃上げ要求や「合理化」反対などをかかげてたたかっていた。札幌駅分会では駅構内の職員詰所にある私物入れの各自のロッカーに、札幌地本の作成したビラ一枚ないし二枚をセロテープで貼った。当局はこのビラ貼り行為が当局の意に反しておこなわれたという理由で組合員を処分した。

第一審の札幌地裁では当局の処分を容認していたが、第二審の札幌高裁は国労側の主張を全面的に認めて組合側の勝訴となった。そして国鉄当局の上告によって最高裁に係属していた。

ところで、この事件をめぐって当事者間では、七九年二月に和解によって解決するとの合意がほぼできていた。しかし政府（総理府人事局）の介入によって事件の和解決着の道は閉ざされた。そして、この年の一〇月三〇日の最高裁判決となったのであった。

もともと組合活動というものは、使用者の意にそわないものであるし、なんらかのかたちで使用者の施設管理の権能を制限するものである。しかし組合活動をする権利もまた、使用者の所有権と同様に憲法で保障されている。

これまでの労働法の解釈では両者の権利を実際上どのように調和させて認めるかというのが常識であった。ところが、最高裁判決は企業所有権絶対優位の考え方に立ち、使用者の同意がなければ企業内あるいは企業施設を利用する組合活動は認められない、とした。労働界はもちろん、弁護士・研究者の中からも、この判決にたいし組合活動圧殺の「法理」であるとの批判が相次いだ。

こうして最高裁は、五・四全逓名古屋中郵事件判決において「財政民主主義」の名のもとに公企体労働者のストライキ権を否認したが、今度は「施設管理権」をタテに組合活動を職場から締め出そうというのであった。労働基本権回復を求めてたたかいつづけている官公労働者をとりまく法的状況は、一九八〇年代を目前にしてきわめて危惧すべき、反動の嵐の吹く〝冬の時代〟にあった。」（四一五―四一七頁）

ここで、国労側が勝訴した札幌高裁判決とこれを覆した最高裁判決を振り返ってみましょう。札幌高裁判決（一九七四年八月二八日。判例時報七六四号九二頁）は次のように述べています。

「控訴人らが右ロッカーになした本件ビラ貼付行為について、単に被控訴人の許可を得ていなかった点だけをとらえて直ちにこれを違法視することは妥当でなく、労働組合として本件ビラ貼付行動をなす必要性、その枚数、記載文言の内容、右貼付行為による直接の業務阻害の有無等の諸般の事情を考慮してその違法性を判定すべきであると解するを相当とする。」「本件ビラ貼付行動は、控訴人ら所属労働組合（国労）が当時計画していた昭和四四年春闘の要求貫徹を目標として右組合の団結力の昂揚等をはかるためになされたもので、本件ビラの記載文言も、右要求目標に相応する内容を有し、被控訴人、その他の第三者の名誉を毀損したり、他からひんしゅくをかうものでもなく、右要求運動にとって効果をもたらす一戦術となり、その必要性が認められること、控訴人らが右ロッカーに貼付した本件ビラは、その規格が比較的小型で、その枚数もさほど多量にわたるものではなく、その剥離後に痕跡が残らないよう紙粘着テープを使用し、しかもかなり整然と貼付され、右貼付された箇所も控訴人らの国労所属の職員が被控訴人からその使用を許容されている各自のロッカーの表側であり、右ロッカーが所在する部屋は、旅客その他の一般公衆は全く出入りせず、管理職等の一部の者が同所で就労しているもののその人数は小数で、一般に多数の国労所属の職員が休憩室として使用している場所であることなどを考慮すると控訴人らが右ロッカーに本件ビラを貼付したことにより右貼付された部屋の居住性は勿論、その美観が害われたものとは認めがたいこと、成程、右ロッカーに貼付された本件ビラは、同所を就労等の場所として使用している国労に所属していない被控訴人の職員の眼にふれるものであるが、控訴人らはその休憩時間中に本件ビラの貼付をなしたものであるうえに、右認定の本件ビラの内容、規格、数量、その貼付された箇所等を考慮すると、控訴人らが右ロッカーに本件ビラを貼付したことにより被控訴人の業務が直接阻害されあるいは施設の維持管理上特別に差支えが生じたとは認め難いこと等の諸般の事情を考え合すと、控訴人らがそれぞれなした本件ビラ貼付行為は、正当な組合活動として許容されるべきであると判断するを相当とする。」

労働法の通説というべき見解に基づいて、ビラ貼りのされた場所、ビラの大きさ、剝がしやすさなどの態様を慎重に考慮して下された手堅い判決でした。

私（海渡）が弁護士になった一九八〇年代前半には、労働弁護士の業務の一つに、「ストライキへの立ち合い」という仕事がありました。スト現場で、就労しようとする第二組合の組合員とのトラブルを防止するため、ピケラインに張り付いて、監視する仕事でした。そして、争議現場には「春闘勝利」「賃上げ獲得」「スト貫徹」などと書かれた短冊形のビラがセロテープで貼り付けられていました。この高裁判決の示した基準に沿って整然とビラ貼りがなされていたのです。

これに対して、最高裁判決（一九七九年一〇月三〇日）は、高裁判決を破棄して次のように判断しました。

「企業は、その存立を維持し目的たる事業の円滑な運営を図るため、それを構成する人的要素及びその所有し管理する物的施設の両者を総合し合理的・合目的的に配備組織して企業秩序を定立し、この企業秩序のもとにその活動を行うものであって、企業は、その構成員に対してこれに服することを求めうべく、その一環として、職場環境を適正良好に保持し規律のある業務の運営態勢を確保するため、その物的施設を許諾された目的以外に利用してはならない旨を、一般的に規則をもって定め、又は具体的に指示、命令することができ、これに違反する行為をする者がある場合には、企業秩序を乱すものとして、当該行為者に対し、その行為の中止、原状回復等必要な指示、命令を発し、又は規則に定めるところに従い制裁として懲戒処分を行うことができる。」「労働組合又はその組合員が使用者の所有し管理する物的施設であって定立された企業秩序のもとに事業の運営の用に供されているものを使用者の許諾を得ることなく組合活動のために利用することは許されないものというべきであるから、労働組合又はその組合員が使用者の許諾を得ないで叙上のような企業の物的施設を利用して組合活動を行うことは、これらの者に対しその利用を許さないことが当該物的施設につき使用者が有する権利の濫用であると認められるような特段の事情がある場合を除いては、職場環境を適正良好に保持し規律のある業務の運営態勢を確保しうるように当該物的施設を管理利用する使用者の権限を侵し、企業秩序を乱すものであって、正当な組合活動として許容されるところであるということはできない。」

この最高裁判決は、「利用を許さないことが当該物的施設につき使用者が有する権利の濫用であると認められるような特段の事情がある場合を除いて」という留保だけはついているものの、会社の管理権の絶対優位を宣言したに等しい判決でした。司法反動の流れに位置付けられる判決の一つと言えるでしょう。ところが、労働法学の大家であり、通説を整理した菅野和夫『労働法』では、「私自身は次のように考える。従業員が企業施設を利用しうる限度は、上記判例のいうとおり、「特段の合意があるのでない限り、雇用契約の趣旨に従って労務を提供するために必要な範囲において、かつ、定められた企業秩序に服する態様」にとどまる。しかし、これは従業員の企業施設利用一般についての事理であって、組合活動としてなされた場合は組合活動権による特別の保護が限られた範囲で生じうる。とくに使用者が組合の施設利用上の便宜供与に応じていないなど、組合の情報伝達や意思表示の適切な手段が他にない場合には、組合活動であるがゆえの保護を受けやすいといえよう。その基準は、従来の違法性阻却説と同様に、貼付された施設の性質、貼付の範囲、ビラの枚数・形状・文言、貼り方などを総合してみた場合、組合活動としてのやむをえぬ必要性があり、かつ業務遂行上・施設管理上の実質的支障を生ぜしめなかったか否か、によるべきである。」と述べ、いまもこの札幌高裁の立てた規範を支持することを明言されています。

戦後の労働運動をけん引した国労や全逓、自治労、日教組などの総評・官公労は、職場における労働運動の確立を目指し、戒告などの軽い懲戒処分についても、争うべき時は最高裁まで闘いました。「権利のための闘争」そのものでした。こういう取り組みが、連合の下で取り組まれることが少なくなっているように見受けられます。一つひとつの権利をおろそかにしないで、司法の場でこれを認めさせ、それを全体化していく活動が、いまこそ労働運動の現場で求められています。

戦後労働運動史上最大の弾圧事件である生コン支部事件を、労働基本権を守る自らのたたかいとして支援を

労働弁護士として、宮里先生が晩年に特に力を入れて取り組んだのが、関西生コン支部事件の支援のための活動でした。関西生コン支部事件は、延べ八九人逮捕という規模、幹部は六〇〇日以上という長期勾留、検察官による八年という超重刑求刑、さらには湯川委員長に対する実刑判決（二〇二三年三月大津地裁）まで下されるなど、どれをとっても、戦後労働運動における最大、最悪の刑事弾圧事件です。

具体的な成果をあげてきた産業別労働組合運動

生コン支部の産業別組合運動は、零細な生コン業者を協同組合の形に組織し、ゼネコンとの競争力を高め、生コンクリート価格を買い叩かれないようにし、適正な価格を実現する。そして、その

成果を労使で分け合うことによって、この産業の少なくとも関西地域の賃金を底上げすることに成功したところに眼目があります。

連合の結成以降、労働組合の組織率は低下し、労働争議は激減しています。日本社会では、労働争議自体が極めて珍しい現象となっています。他方で、世界を見渡せば、アメリカでも、ヨーロッパでも、労働組合運動はむしろ活発化し、労働争議も普通のものとなっています。交渉のためにはストライキも辞さないという生コン支部の闘いは、国際基準からすれば、普通のものですが、連合の結成以降、ストライキが激減した日本の労働運動の中では、ゼネコンなどから見ると、目ざわりきわまりないものであったでしょう。そのことが、この弾圧の重要な背景です。

戦後労働運動における最大の刑事弾圧事件が、なぜ社会的に共有されないのか

他方で、この事件ほど、闘う労働組合の姿が、ネット上の動画配信によって歪められて伝えられたケースもないと思います。宮里先生が取り組んだ国鉄分割民営化をめぐる闘争においても、当初は「ヤミカラ」攻撃という、メディアによる反国労キャンペーンが猛威を振るいましたが、分割民営化によって大量の首切りが出てからは、メディアの風向きも変わり、組合を応援する報道が切れ目なく続きました。それが全国の自治体の決議にもつながり、最終的な和解解決にも力になりました。

しかし、生コン支部事件では大資本に屈した協同組合は、ヘイトスピーチを繰り返している瀬戸弘幸氏らに月七〇万円の報酬を支払い、組合事務所を襲わせ、これに反撃した組合員をビデオで撮

影し、生コン支部を組織犯罪集団のように描く多数の動画をユーチューブ上に配信することによって、この無法な弾圧に対する社会的な非難が高まらないように仕組んだのです。

そして、この工作は、多くのメディアが、この問題そのものをほとんど報道できなくさせるという顕著な効果を生み、また、多くの労働組合が、この弾圧の本質を知って支援に立ち上がることを困難にしてしまいました。

ジャーナリズムにおいて、この問題を取り上げて問題にしてくれたのは竹信三恵子さんや安田浩一さんなど、本当にごく少数でした。こうした中で、宮里先生は佐高信氏、鎌田慧氏らとともに、いち早く「生コン支部を支援する会」を結成し、平和フォーラムの全面的なバックを得て、事件に対する支援の輪を広げるための活動に取り組んできました。以下に引用する文章は、この事件を広く広めるために刊行されたパンフレットのために宮里先生が書いたものの抜粋です。

異常な大弾圧

全日本建設運輸連帯労働組合関西地区生コン支部に加えられている刑事弾圧事件「関西生コン事件」は、近年類例を見ない大規模かつ異常な事件である。

「関西生コン事件」は、組合が展開したストライキ闘争、企業に対するコンプライアンスを求める組合活動、ビラまき配布活動などの諸活動が、「恐喝」「強要」「威力業務妨害」などの名目で犯罪視されたものである。いうまでもなく、憲法二八条の労働基本権保障の中核は、労働者の団体行動や争議行為に対する刑事罰からの解放（刑事免責）であり、労働組合法もこの原則を確認している（一条二項）。

ストライキ闘争は組合活動についての刑事免責の原則を踏まえるならば、組合活動を捜査の対象とするにあたっては、当然のことながら、ストライキや組合活動の正当性（目的の正当性と手段の相当性）という点を慎重に吟味することが要請されるはずである。

しかし、今回の警察・検察の対応をみると、正当性の有無を事実に基づいて検証することなく、一定の予断をもってあたかも「反社会集団」による暴力行為と同視し（一部の県警では「組織犯罪対策課」が捜査を行っている）、「事件」をつくりあげるという手法が採られていると言わざるをえない。

闘いによって勝ち取られた刑事罰からの解放

労働運動に対する刑事弾圧には長い歴史がある。労働運動の発祥地であるイギリスにおいて、一七九九年に団結禁止法が制定されたのは、当時台頭しつつあった労働者の組織的たたかいを抑圧するためであった。

団結禁止法は、賃上げなどのための団結それ自体を刑罰で禁圧するものであったが、イギリスの労働者はこれに屈せず組織的なたたかいを拡げ、ついに一八二四年に団結禁止法は廃止されるに至り、団結それ自体は刑事罰の対象から除外された。しかしストライキについては、引き続き、刑事罰が加えられた。刑事免責の実現は、一八七一年制定の労働組合法の成立まで待たねばならなかった。

マルクスはその著『哲学の貧困』のなかで、一七九九年団結禁止法が一八二四年の労働組合法で廃止になったことにふれて、「団結が日増しに強固さを加えることによって一つの社会的事実となるや否や、それは間もなく一つの法律的事実とならざるをえないのである」と述べているが、団結禁止法の廃止から一八七一年の労働組合法制定による刑事免責の実現に至る過程も同様である。

組合運動が一定の発展段階に達したとき、団結権・団体行動権は国家権力によって承認されるに至ったのである。まさに、刑事罰からの解放は、国家による禁止・抑圧に抗してたたかい続けた労働者が自らの運動を通じて獲ち取った権利であり、「初めに法ありき」でなく、「初めにたたかいありき」であった。

その後、イギリス労働運動は、民事上の共謀理論による使用者からの損害賠償攻撃を受けることになるが、一九〇六年の労働争議法制定により損害賠償責任の免責が確立することになる。

警察権力の濫用

特筆すべきは、取り調べにあたった捜査官が、「組合から抜ける気はないか」「いつまでこんな組合とつきあっているのか」などと発言しているという事実である。まさに、犯罪捜査というよりも組合つぶしを企図しているともいうべき取り調べが行われているのである。使用者が組合脱退を求める発言をすることは典型的な団結権侵害・支配介入の不当労働行為（労組法七条三号違反）であるが、捜査官の団結への介入発言は警察権力を背景になされいてるだけに、使用者のそれよりも悪質であり、驚くべき捜査権の濫用である。

逮捕された組合員は、逮捕を機に雇用主企業から懲戒解雇されており、警察と資本が一体となってかねてから敵視していた産業別労働組合である全日本建設運輸連帯労働組合をこの機につぶそうとの狙いがみてとれる。「関西生コン事件」では、刑事免責原則が踏みにじられているのみならず、団結権侵害の不当労働行為が同時進行しているという状況が生じているのである。これまた、今回の弾圧の特異性を示すものにほかならない。

自らの闘いとして支援に立ち上がろう

すべての労働者、労働組合にとって、かけがえのない労働基本権を守る自らのたたかいとして、関西生コン支部の反弾圧のたたかいを支援するとりくみが拡がることを期待したい。

労働基本権保障は弾圧に抗し、弾圧に屈しない長い試練のたたかいの中で確立され、憲法二八条に結実したものである。しかしいったん憲法で保障された権利であっても、また、法律で定められた権利であっても、常に侵害される危険性がある。権利が侵害されたとき、侵害されそうなとき、これに抗するたたかいがなければ権利は自壊する。権利を守り、その実効性を担保するのは国民、労働者のたたかいであり、それを支える社会的世論の存在である。弾圧された組合員やその家族を精神的、財政的に支援するとともに、この弾圧に反撃する運動の展開を呼びかける（宮里邦雄「労働基本権への挑戦」連帯ユニオン編『労働組合やめろって警察に言われたんだけどそれってどうなの』旬報社、二〇一九年から抜粋）。

全日建・小谷野毅氏「弁護士の宮里邦雄さんを悼む」

〓　全日本建設運輸連帯労働組合書記長の小谷野毅さんは、「生コン支部を支援する会」の共同代表であった宮里弁護士の訃報に接して、「弁護士の宮里邦雄さんを悼む」との追悼記事を「支援する会ニュース」（二三号）に寄稿しています。抜粋して紹介します。

弁護士の宮里邦雄さんが逝去された。享年八三歳。一〇万人に三人という難病で一昨年の二〇二一年八月から闘病中だった。二〇二二年一月、「僕も悔しいんだよ」と電話で話されていたことを思い出す。

（中略）

労働判例と労働委員会を知り尽くした生き字引のような存在として、ことあるごとに相談に乗っていただいたのは私だけではないだろう。病を得るまで最前線で活動され、「労働弁護士界のレジェンド」とメディアの多くが訃報を書いた。

「関西生コン事件」では二〇一九年二月、いちはやく現地調査に赴き、不当逮捕されて組合脱退を執拗に迫られた組合員と家族の体験に耳を傾けてくれた。「これは本当に、平成労働運動史上最大の弾圧事件ですね。しかも極めて悪質ですよ。事件を捜査しているんじゃなくて、組合つぶしっていうところまで警察が動いているっていう点で、極めて異常な弾圧だと思います」――映画『ここから』には宮里さんが集会でこのように発言している場面が出てくるが、その強い警察批判はこのときの聞き取り作業がベースになっていただろう。

二〇一九年四月、「関西生コンを支援する会」結成で、鎌田慧さん、佐高信さんらとともに共同代表を引き受け、ほぼ毎月開かれる役員会に欠かさず出席してアドバイスをしてくださった。

宮里さんの周りにはつねに明るい雰囲気があった。東京共同法律事務所を訪ねると、ちょっと高い調子の笑い声が聞こえてきて、あ、まただじゃれを言っていたんだなと、こちらも明るい気持ちになることがしばしばあった。あの笑い声をもういちど聞きたかった。

宮里先生の講演も採録された映画「ここから」の上映運動の広がり

私（海渡）は、関西生コン支部事件の当初から、支援する会の呼びかけ人として、何度もシンポジウムを開催したり、途中からは組合側からの反撃として提訴された国家賠償訴訟の弁護団長として、この事件に深くかかわってきました。私にとって、この事件は宮里先生と最後に共に取り組んだ事件なのです。

この事件を題材にした映画「ここから」が全国で自主上映され、生コン支部に対する支援の輪が、全国に広がってきていることはとてもうれしいことです。

この映画「これから」は、この闘いの本質を、一人でも多くの労働組合員、市民に知ってほしいと願う人々の、粘り強い取り組みの中から生み出されました。人生と家族の行く末に悩み苦しむ、強さと弱点を併せ持った一人ひとり生身の労働者を主人公にしました。

主人公の松尾聖子さんは三人の子どもを育てるシングルマザーです。日々雇用の生コン車のドライバーでした。労働組合に加入したことで、賃金は上がり、生理休暇＝特別休暇も取れるようになり、女性ならではの働きづらさも改善していきました。正社員にもなることができました。仲間たちと活動する中で人生観も変わっていきます。

そんな組合を大弾圧が襲います。聖子さんは、組合活動の中で、仲間と再婚していました。その夫の兄や仲間が逮捕され、自分自身も自宅のがさ入れを受けます。回りの友人たちの中にも、「捕まるかもしれないし、やめたほうがいい」という人もいて、実は逮捕された義兄は長期勾留に耐えられず、組合を脱退します。さらには夫も組合を脱退していきます。

それでも、聖子さんは組合をやめないで闘い続けます。これは本当にすごいことですね。そして、残って闘い続けた仲間の吉田修さんを全力で支えます。そして勝ち取った大阪高裁無罪判決、仲間の安井さんも罰金刑になります。

吉田さんの姿も不屈の闘士とは程遠く、仲間と弁護士に助けられて、ようやく闘い続けることができたことを、正直に話してくれます。彼の担当弁護人である久堀文弁護士の誠実な弁護ぶりにも心打たれます。ここには、等身大の組合員の姿が、包み隠されることなく描かれているといえます。

そして、映画には、生コン支部を支援する会の集会で宮里先生が講演する姿が収められています。

産業別労働組合が、同一産業の使用者に働きかけることは正当な組合活動である

最後に、二〇二三年三月六日大阪高裁で、和歌山における弾圧事件について無罪判決が下され、検察側が上告できずに確定したことを報告したいと思います。これは、これまでの弾圧の不当性を司法が宣言したに等しい重大な司法判断です。大阪高裁判決（令和五年三月六日宣告）は、次のように判示しています。

2019年2月8日支援する会結成の会にて〈撮影：土屋トカチ〉

「原判決は、関生支部事務所の調査について、関生支部として、丸山に事実確認を行い、事実であれば再発防止を求める交渉を行うという目的自体は正当ではあるが、関生支部の組合員の中に丸山又は広域協に雇用されている者がいないとして、その目的達成手段として許容される行為には相応の限界があると説示する。

しかし、これは、労働組合の団結権保障の趣旨や、関生支部が産業別労働組合であることを正解しない不合理な認定判断といわざるを得ない。

原判決が前記説示した根拠は必ずしも明らかではないが、憲法二八条の保障は、労働関係の当事者に当たることが前提で、労組法一条二項の刑事免責も、同様の前提を必要とするところ、被告人らと丸山との間には、このような関係が存在しないとの考えによるものと推察される。

しかしながら、産業別労働組合である関生支部は、業界企業の経営者・使用者あるいはその団体と、労働関係上の当事者に当たるというべきだから、憲法二八条の団結権等の保障を受け、これを守るための正当な行為は、違法性が阻却されると解すべきである（労組法一条二項）。このような行為が、関生支部の団結権を大きく脅かすものであることは明らかで、関生支部幹部等が、その首謀者と目する広域協の実質的運営者である丸山の下へと抗議等に赴くことは、それが暴力の行使を伴うなど不当な行為に及ぶものでない限り、労組が団結権を守ることを目的とした正当な行為として、労組法一条二項の適用又は類推適用を受けるというべきである。

にもかかわらず、原判決は、記述のとおり、広域協による関生支部の調査を矮小化した誤った事実認定の基に、広域協の実質的運営者である丸山と関生支部とが、労働関係上の当事者に当たらないことを前提にして、被告人らの行為の正当行為性を否定したものであるから、その前提とする事実関係の認定は著しく不合理なもので、事実の誤認がある。

本件を含む関生支部と広域協との一連のやり取りを全体的に見た場合、被告人らの行為が社会的相当性を明らかに逸脱するとまではいい難く、労組法一条二項の適用又は類推適用により正当行為として違法性が阻却される合理的な疑いが残るといわざるを得ない。」

この判決は、生コン支部の取り組んできた産業レベルでの使用者に対する労働組合活動の正当性を正面から肯定したものであり、生コン支部に対する異常ともいえる刑事弾圧の根底を否定したものと言えるでしょう。この判決を宮里先生に報告できなかったことは残念ですが、宮里先生が最後に取り組んだこの弾圧事件を完全に跳ね返すだけでなく、あわせて働く者が人間らしい生活を取り戻すため、組合がストライキを打つこともできなくなっている日本の労働運動の全体を再生していくことを宮里先生の霊前に誓いあいたいと思います。

〝日本一の労働弁護士〟宮里邦雄先生の思い出

日本労働弁護団　棗　一郎

1　日本労働弁護団と共に歩み活動して来られた

二〇〇一年一一月の総会で、宮里先生が日本労働弁護団の会長に就任された時のことを二〇〇二年の『季刊・労働者の権利』（二四七号）の「巻頭言」で書かれている。ちょうど私が日本労働弁護団の事務局長を務めている時だった。当時の在京常任幹事会で、宮里先生が会長に就任される記念の総会だから、ご出身の沖縄で初めて総会をやろうということに決まった。当時の井上幸夫幹事長と一緒に、沖縄総会を成功させる準備のために、その年のゴールデンウイークを利用して、那覇市に行って各労働組合を回って秋の沖縄総会への参加を呼び掛けた。

その記念総会で、宮里先生は会長就任あいさつの中で、「総会で会長就任の挨拶を求められた際、『こういう場合、図らずもこの度会長に就任することになりました』と自己紹介するのが通例のようですが、私としては、そんな月並みなことを言うつもりはありません。」と気負ったことを言ってしまったと『巻頭言』にユーモラスに書かれている。「これは弁護団と共に歩んできた私の弁護団に対

沖縄・那覇での日本弁護団総会で（右・宮里先生、左・筆者）

する強い思い入れがなさせた発言です。」と紹介されているとおり、宮里先生は「働く者の権利に関わる労働弁護士たらんと志し、弁護士の道を歩み始めて以来現在まで、労働弁護団はたえず私のそばにあり、いつもその中で活動してきました。」と述懐されている。

宮里先生は、日本労働弁護団の役割について、「わが労働弁護団の役割と活動に労働者・労働組合から大きな期待が寄せられています。働く者の権利の確立と発展を願うわが弁護団にとってこれはとても誇るべきことではないでしょうか。にもかかわらず、われわれには、十分にその期待に応えていないもどかしさと苛立ちがあります。実践的にも、理論的にもわれわれの力量を一層高めることが必要であると思っています。」と労働弁護団に所属する全ての弁護士に呼びかけられている。「わが弁護団」と何度も書かれているとおり、宮里先生はまさに労働弁護団と一体となって、その中核を担ってこられた。ご自身の「労働弁護士」としての歴史は日本労働弁護団と共に歩んできた歴史だと自負されていたのだと思う。

宮里先生は、間違いなく誰もが認める「日本一の労働弁護士」である。その弁護士が、「我々は十分に労働者・労働組合の期待に応えていない。実践的にも、理論的にもわれわれの力量を一層高めることが必要である。」と自省されている。実に謙虚で、冷静に日本労働弁護団の力量を見極められていて、奢ることなく、慢心することなく、一生精進が必要だと我々後輩の労働弁護士に諭されているのだと思う。宮里先生は、「諸君、君たち労働弁護団の役割と活動に対する期待は本物であり、その期待に応えるために常に誇り高い気持ちを持って努力を積み重ねていこう。そうすれば、道は必ず開ける。」とおっしゃっているのだと思う。

そして、『巻頭言』では、最後に「弁護団は、法律家団体としての制約と独自性に留意しつつ、『労働組合と労働運動の前進なくして働く者の権利確立なし』という基本的立場を大切に、広く労働者・労働組合・労働運動との連携を求めて活動していきたいと思います。」と宣言されている。これは私たちの目指すべき基本的な道しるべとなるものであり、私は労働弁護団の事務局長を務め、幹事長として活動し、現在もなお、この宮里先生の教えと道しるべを胸に抱いて労働弁護士として活動している。

2　宮里先生の労働弁護士としてのライフワーク

――〝非雇用化〟雇用によらない働き方との闘い

宮里先生が最後に労働弁護士として取り組んでおられた大きなテーマが、「雇用によらない働き方」

といかに闘うかということだったと思う。私が宮里先生から、一緒に弁護団を組まないかと誘われた事件が、セブンイレブンのFC店長たちが結成したコンビニ加盟店ユニオンの不当労働行為事件（中労委から）とファミリーマート店長ユニオン事件（都労委から）であった。

宮里先生は、以前から新国立劇場運営財団事件（最三小平成二三・四・一二労判一〇二六号）やINAXメンテナンス事件（最三小平成二三・四・一二労判一〇二六号）、ビクターサービスエンジニアリング事件（最判平成二四・二・二一労判一〇四三号）など、「労働組合法上の労働者性」がメインの争点となる不当労働行為（団交拒否）事件の代理人として、雇用によらない働き方を強いられて労働組合法上の団結権と団体交渉権などの権利保障が受けられない労働者のために闘ってこられた。

ファミリーマート事件もセブンイレブン事件も、同じ「労働組合法上の労働者性」が争点となる事件だが、日本経済が世界に誇る？コンビニフランチャイズ契約の店長が労働組合を結成して、ファミマ本部やセブンイレブン本部に対して集団的交渉（団体交渉）を求めて正面から争ったという画期的な事件であった。初審命令は、どちらの事件もFC店長たちの労組法上の労働者性を肯定して団交応諾命令を出した（岡山県労委命令・都労委命令）ことから大きく報道され、EUでも「日本もやるじゃないか」と話題になったそうだ。ところが、残念ながら中労委では初審命令をどちらも取り消されて、労働組合側は敗北した。中労委命令に対して、宮里先生が一番怒ってらっしゃったのは、自ら代理人として勝ち取られた上記最高裁判決の判断枠組みを踏襲せず、原則と例外をひっくり返して、最後の消極的判断要素であるはずの「顕著な事業者性」を一番初めに判断し、しかもそれを「事業組織の組み入れ」の要件の中で議論していたことである。先生は、「中労委命令は最高裁の判例違反ではないか。初めから結論ありきの判断ではないか。」とたいそう怒っておられた。

この事件で、もう一つ私が宮里先生から教わった大事なことは、労働組合法上の労働者性の判断対象たる加盟者は誰かという問題である。すなわち、コンビニFC契約加盟者のなかには、会社が中労委で申請した証人のように、自らは全く店舗での就労をせずかつ複数店契約を締結している加盟者もいる。しかし、本件においては、これらの者の労組法上の労働者性を判断する必要はなく、端的に本件労働組合に加入している加盟者の労働者性である。なぜなら、労働組合法第二条は、労組法上の労働組合とは、「労働者が主体となって自主的に組織する」団体としており、ここでいう「主体となって」ということの意義は、労働者が組合の構成員の主要部分を占めること、並びにそれら労働者が組合の運営・活動を主導することであると解されるからである。たとえ、労働組合に学生や一般市民、個人事業主などが加入していても、労働者が組合の構成員の主要部分を占めれば労組法上の労働組合なのである。この点からも、本件においては、組合員である加盟店オーナーについての労働者性の有無を判断すれば足りるのに、中労委命令は全ての加盟店オーナーの労働者性を判断するという争点設定を行った。この点の誤りも、宮里先生は強調しておられた。

そして、私が宮里先生の訴訟活動を見ていて一番感心したのは、八〇歳を超えるご高齢なのに、中労委の審問で反対尋問を担当されたことである。しかも、積極的に「僕がやるよ！」と言って審問室に立たれた。全く矍鑠《かくしゃく》として会社側証人に切り込んでいかれた。あの時の宮里先生の姿は鮮明に記憶に残っている。宮里先生の厳しい追及の声が今でも聞こえてくるようである。正直、八〇歳を超えられてもこれだけの尋問ができるんだ！と驚き、感動した。自分にはとてもできそうもない。それくらい、お元気だった宮里先生が、セブンイレブン事件の東京地裁での和解協議を行っている中で、二〇二一年の秋に不治の病を発症され、戦線を離脱していかれた。さぞ、悔しく、心残りでいらっしゃったであろう。昨年（二〇二二年）六月に最後に宮里先生の入院先の病院にお見舞いに行って面会した時も、セブンイレブン事件とファミリーマート事件の行政訴訟の行方を随分と気にしておられた。中労委命令の取消訴訟は両事件とも地裁では敗訴した。セブンイレブン事件の方は高裁でも敗訴して、現在最高裁に係属している。組合も弁護団も両事件とも最高裁に対して、初めてコンビニFCオーナーの労組法上の労働者性を判断するよう求めていくことにしている。私たちは、宮里先生の最後のライフワークであった両事件を引き続き闘い、宮里先生の〝労働弁護士魂〟をしっかりと受け継いでいかなければならない。

永遠の〝日本一の労働弁護士〟宮里先生、どうか我々労働弁護団の労働弁護士と日本の労働者・労働組合のこれからの闘いを見守っていてください。安らかにお休みください。

裁判の判決には、必ず出廷し立ち会うことが大切だ。

徳住堅治（弁護士、日本労働弁護団）

1　**裁判の判決には、必ず出廷し立ち会うことが大切だ。**わが国の弁護士は、判決の立ち合いをしない人が多いが、**間違っていると思う。判決を聞きながら、**勝ったときは喜び、負けたときはなぜ負けたのか振り返ることが次の一歩に繋がる。

2　**弁護士の主張書面は、修飾語を極力使用せず、「明白である。」「明らかである。」等の断定は避けるべきだ。事実を丹念に拾い上げ、言葉を紡いで論理を最後まで言い切ることが大切だ。**

3　**「小さいことに真実は宿る」**とのことわざがあるように、**人との細かい約束は必ず履行することが、大きな信頼を勝ち取ることになる。**

先生はどんなことでも手帳等に約束事をメモされ、必ず履行されていた。

4　**あいさつや演説を頼まれたら、事前に原稿を作り、それを見ながらしゃべってもいい。**かえって、**話がそれたり、余分なことをしゃべるほうが、聞く人にとっていい迷惑だ。**

これは、丸谷才一「挨拶はむずかしい」の影響。

5　**判例に頼るような弁論をするな。主張の論理骨格をきっちりつくることを優先させるべきだ。**

とおっしゃりながら、多くの判例に目を通し、判例に精通されていた。晩年、東大労働判例研究会で報告されたのは、「労働審判申し立て却下決定に対する大阪高裁の取消決定」だった。

6　**労働法の神髄は「労働者の団結」である。労働者の団結を大切にし、その団結の力で労使紛争を解決する道を常に模索すべきだ。**

国労闘争で「団結なくして解決なし」とおっしゃっていたのも、このような考え方に基づいていると考えている。

7　軍隊名を憲法に書き込んだ国は、世界のどこにもない。自衛隊を憲法に書き込むことはお粗末な発想だ。

第二章

遠きにありて想うふるさと沖縄・宮古〈沖縄編〉

沖縄は、来年復帰五〇年を迎える。「ふるさとは遠きにありて思ふもの」と金沢出身の詩人室生犀星は詠んだが、ふるさとを離れて六三年、沖縄育ちの我が身にとって沖縄はいつも離れ難き存在であったし、これからもそうあり続けるだろう。

——沖縄弁護士会報二〇二一年夏号

宮里弁護士は一九五八年二月琉球政府立宮古高校を卒業、国費留学生として東大に進学した。弁護士登録後も、弁護士として沖縄の問題に関わり続けた。一九六五年沖縄違憲訴訟（沖縄住民に対するパスポート発給拒否と被ばく者の医療に関する法律の不適用を違憲として争った。）、一九九五年米軍基地用地使用についての沖縄県知事の代理署名拒否訴訟、高江村ヘリパッド基地反対の住民運動対策のため、警視庁の機動隊員が派遣された費用についての住民訴訟などを手掛けた。

なんとなく物悲しく寂しい「港が見える丘」の曲がよく収容所のラジオから流れていた。

友だちもいない収容所生活にあきている少年の耳にこの曲はこびりついた。

宮里先生の好きなカラオケ曲は「港が見える丘」でした。この歌は、一九四七年に東辰三が作詞・作曲し、新人歌手平野愛子が歌って大ヒットしました。当時宮里先生の一家は沖縄に「帰還」したわけですが、それは日本国家にとっては琉球の人々を米軍支配下の琉球政府に「送還」することを意味したことが分かります。

大学生のころまではラジオから流れる歌謡曲はよく聞いていたから、昭和三〇年代ぐらいまでのものなら、歌手の名前を含めてほとんど知っている。

美空ひばりだけは別格で、彼女の歌はどれも好きだ。

テレビで時々「思い出の歌謡曲」という番組をやっているが、私にもこのテーマにふさわしい一曲がある。「港が見える丘」という曲である。この歌を私は昭和二二年長崎県佐世保の「収容所」で聴いた。小学校二年生の時である。

あなたと二人で来た丘　港が見える丘
色あせた桜ただひとつ寂しく咲いていた……

佐世保の収容所で私たちの家族は佐世保港から沖縄に帰るため、帰還船の到着を待っていた。

昭和二十年の終戦を大阪の堺で迎えたわが一家は、父の病気もあって大阪での生活のみとおしがたたず、父母のふるさと沖縄へ引上げることになった。全国各地から沖縄へ帰る沖縄出身の人たちが佐世保に集結していた。

定かな記憶はないが、佐世保には二ヵ月ぐらい居たのではないだろうか。

なんとなく物悲しく寂しい「港が見える丘」の曲がよく収容所のラジオから流れていた。当時流行っていたのであろう。

友だちもいない収容所生活にあきている少年の耳にこの曲はこびりついた。

この曲を聴くと、鮮明には、覚えていないはずの収容所の雰囲気がよみがえってくる。

「あなたと二人で来た丘　港が見える丘」

アダージョで歌われているこの曲のメロディはわが胸に沁みついている。

佐世保の「収容所」とはどんな施設だったのかが気になり調べてみました。佐世保は、戦争終了後、海外から引き揚げてくる引揚者の最大の帰還港でした。舞鶴も有名ですが、その二倍くらいの引揚者を受け容れたといいます。

谷澤毅氏の研究（「軍港都市佐世保の戦中・戦後――ドイツ・キールとの比較を念頭に」長崎県立大学経済学部論集第四五巻第四号、二〇一二年）によれば、次のようなことが判明します。

日本政府は敗戦を受けて、佐世保港から離れた市南部、針尾島の浦頭には、海軍病院の分院があり、これを検疫所とし、また旧海兵団の施設を収容施設として利用し、引き揚げのための拠点としました。

最初の復員兵が浦頭に到着したのは一〇月一四日、一〇月一八日には引揚を管轄する中央官庁を厚生省とすることが決定され、一一月二二日には社会局引揚援護課が設けられました。二四日には佐世保をはじめ舞鶴、呉、横須賀（浦賀）の旧軍港四都市、下関、博多、鹿児島の計七局に引揚援護局が開設されたといいます。この佐世保の引揚援護局が運営していたのが「針尾収容所」でした。

佐世保に引揚げてきた者の中で最も多かったのは満州から五二万人近く、華北からが約四三万人、華中からが約二二万人、朝鮮からが約一二万人だったといいます。千島（約一二〇〇人）や樺太（約五〇〇人）からの帰還者もありました。引揚者たちはここでＤＤＴを浴びせかけられたと言います。佐世保引揚援護局が廃止されたのは昭和二五年五月一日で、以降、我が国では舞鶴が唯一の引揚港となり、昭和三三年一一月一五日まで舞鶴引揚援護局は存続しました。

そして、佐世保の引揚港の役割は、日本への帰還者を受け入れることにとどまりませんでした。佐世保（針尾島の浦頭）はまた、我が国への入植を強いられた朝鮮人や中国人が帰国する際の出発港でもあったのです。佐世保周辺では、炭鉱に多くの中国人、朝鮮人が労働者として投入されていました。昭和二〇年一一月から二五年五月まで、佐世保からは一九万三九八一人が送還されました。目的地ごとの内訳は、朝鮮半島が六万五〇六九人、南西諸島が五万五三八九人、中国が一万九二〇四人、台湾が二〇〇六人などであったといいます。当時、日本から朝鮮半島に帰還したにもかかわらず、朝鮮戦争前夜の高まる軍事的な緊張と経済的な困難の中で、朝鮮から日本に仕事を求めて戻ってくる人たちがいました。彼らを「密航」者として捕らえ、その送還を担当したのも、佐世保引揚援護局であったということです。大村入管収容施設は、この針尾収容所と場所が異なりますが、その機能を引き継いだものです。

そして、宮古島を含む沖縄は奄美とともに南西諸島に含まれ、まさに外国として取り扱われ、「送還」されたことがわかります。宮里先生の戦後直後の日本から宮古への引き揚げ＝送還の経験は、忘れてはならない日本の戦後史の一頁だといえることでしょう。

地平線に沈んでいく夕陽をみながら凪いだ海でゆっくりと泳ぐ。時には海面に闇がおりるまで泳ぐのだが、その頃になると夜光虫がキラキラと光り出す。今でも忘れることのできない楽しいひと時であった。

この文章が書かれたのは一九八六年、まだ四七歳の時の文章です。宮里先生の泳いだ宮古の夜の海の夜光虫・とても神秘的ですね。

沖縄・宮古島が私のふるさとである。（略）飛行機が飛ぶようになってから、那覇から三〇分と大

2004年10月に事務所旅行で宮古島に行った時の海辺で事務所員と

変便利になったが、私が上京した昭和三三年には船で那覇まで一八時間も揺られたものであった。島の産業の中心はサトウキビ栽培で、サトウキビの出来不出来が島の経済を左右している。(略)何んの変哲もない島だが、さんご礁の美しく青い海だけは大いに自慢してよいだろう。

小学生、中学生の頃、私は、夏になると毎日のように泳ぎに行った。わが家から歩いて約一〇分でもう海の中である。泳ぐのはたいてい暑い陽盛りをさけて夕方であった。地平線に沈んでいく夕陽をみながら凪いだ海でゆっくりと泳ぐ。時には海面に闇がおりるまで泳ぐのだが、その頃になると夜光虫がキラキラと光り出す。今でも忘れることのできない楽しいひと時であった。

高校生になってからはあまり泳がなくなったがそれでも夕闇迫る海辺の雰囲気が大好きで、

英単語カードをくりながらよく散歩したものであった。私にとってふるさと宮古島は海の思い出と深く結びついている。（「東京共同法律事務所ニュース」一九八六年お正月・八号」より抜粋）

昭和三三年に大学に入るため上京した時、私は「琉球」から「日本」への「留学生」なのであった。

——沖縄復帰二〇周年に思う

この文章は一九九二年に書かれました。五三歳のときのことです。宮里先生は、中川亮弁護士に依頼して、この「沖縄評論」を古本屋で買い求めました。なんと五万円もしたということです。私（海渡）も、宮里先生にこの「沖縄評論」を見せていただいたことがありました。嬉しそうな、恥ずかしそうな顔でした。


私のふるさと沖縄が日本に復帰して二〇年目を迎える。

もう二〇年も経ったのかという感慨ひとしおである。

昭和三三年に大学に入るため上京した時は、渡航許可書（パスポート）が必要だった。琉球列島米国民政府高等弁務官発行のパスポートには「あなたの日本国への留学を許可する」と書いてあった。

私は『琉球』から『日本』への『留学生』なのであった。

当時沖縄のことは本土でほとんど知られておらず、世田谷の下宿のオバさんに『宮里さんは流暢に日本語を話すのネ』と言われて苦笑したものである。大学のクラスメートのA君までが「おまえ、日本語うまいな」と言っていたのだから驚くにあたらない。

A君と酒を飲むと、いまでも「おまえはひどい奴だったなァー」とA君を非難している。あまりにも知られていない沖縄の実情を話さなければという使命感にかきたてられ、沖縄の基地のこと、歴史のこと、ことばや文化のことなどを熱っぽく語ったことを思い出す。

大学二年の時、所属していたサークル誌に「日の丸」のことについて書いたことがある。「日の丸」は沖縄では祖国復帰還動、米国の支配に対する抵抗の象徴であったが、本土では、反動と右翼のシンボルであった。私は「日の丸」をめぐる沖縄と本土の意識の落差を指摘した。数人の沖縄の友人と「沖縄評論」という雑誌を発行した。沖縄問題の総合理論誌(?)を目ざしていたが、一号雑誌でおわった。

しかし、喫茶店や友人の下宿先で何度も編集会議を開き、裸電球のうす暗い小さな印刷屋で刷り上った雑誌を手にした時のふるえるような感動はいまだに忘れられない。印刷代がなかなか工面できず、夏休み沖縄に帰省した際、カバンに雑誌をたくさんつめて持ち帰り、売り歩いたが、なかなか売れなかった。

復帰前とは見違えるほどの経済的繁栄を築きあげてきた沖縄だが、「基地の中に沖縄がある」という状況は今もなお続いており、軍事基地のもたらすさまざまな問題は解消されていない。さらに、「リゾート開発」がもたらしている沖縄の豊かな自然破壊はますますひどくなっている。本土との所得格差をはじめとする格差をはじめとする格差はなおも大きい。ふるさとを離れて三〇年余になるが、沖縄はどうなっていくか——これからも気になり続けるわがふるさとである。(「東京共同法律事務所ニュース」一九九二年お正月・二一号より抜粋)

東京への憧れを掻き立てられていた

——『法と民主主義』四四四号、二〇〇九年一二月

戦後、一九四七年大阪から父の故郷宮古島に引き揚げた。父が経営していた楽器店でレコードを「試聴」し、流行歌東京ソングに耳を傾けて憧れを育てていたという。

基地反対運動など社会や政治に対する関心がわき、大学では社会科学を勉強しよう。

——『法と民主主義』四四四号、二〇〇九年一二月

一九五七年国費留学生となった宮里弁護士は、兄二人は医学部を希望したが、社会活動に目覚め、法学部を志望し、東大法学部に配置された。

多くの「労弁」の先輩たちが皆生き生きと明るく楽しげに「喰っていた」

――『法と民主主義』四四四号、二〇〇九年一二月

一九六二年に司法試験に合格した宮里弁護士が京都での実務修習を終える頃に「弁護士」を志し、中でも「喰えない」という人もいた労働弁護士を目指した。

江戸時代に、地球儀に強い関心を示した琉球の民は、時代に先がけて共存共生の真のグローバル精神を体現していた

――関東南秀同窓会『絆』二〇一四年巻頭言より要約

最近読んだ歴史家の磯田道史著『歴史の愉しみ』（中公新書）に次のようなエピソードが紹介されて

いる。

「民族によって西洋人にはじめて出会ったとき、興味をもつ事物がどうも違う。西洋帆船に乗せてもらうと、朝鮮人は書物、琉球人は地球儀、アイヌは無欲で何も欲しがらず、日本人は滑稽なほど武器に興味をもっている。朝鮮は儒教で文人の国。琉球は海人の国。アイヌは緩やかな猟人であった。そのなかで日本人の兵備への関心は突出していた。」

中国の福建やインドネシアのジャカルタなど広く交易のために広く海を渡来した海人の精神を伝えるものとして、このエピソードはまことに興味深い。

グローバリズムは、押しとどめようのない時代の潮流と思われるが、真のグローバリズムは、強者の弱者に対する支配のルールではなく、共存共生の思想に裏打ちされたものでなければならないはずだ。

海人が常に望んでいたのは四海の平穏であったであろう。江戸時代に、地球儀（グローブ）に強い関心を示した琉球の民は、時代に先がけて共存共生の真のグローバル精神を体現していたといえようか。

わが国において、いまもっとも平和を希求する県民意識が強く、平和への発信をし続けているのは沖縄であろう。悲惨な沖縄戦を体験し、米軍基地の過重な負担を強いられている状況があることがその大きな要因といえるが、それにとどまらず、根底に地球儀に関心を示した海人のグローバリズム精神があるとすれば、大変誇らしいことではないだろうか。

宮古から届いた年賀状に美しい二頭の宮古馬が躍動している写真が載っているものがありました。小躯ながらも、凛としたその美しい容姿。アララガマ精神を体現しているように思いました。

宮里先生は母校宮古高校の「関東南秀同窓会」の会長として二〇一四年の新年のあいさつの中で次のように述べています。

「当地は例年になく寒い正月となりましたが、貴地は如何でしたか。寒い日が続くと、さぞ暖かいであろう沖縄のお正月が恋しくなります。

宮古から届いた年賀状に美しい二頭の宮古馬が躍動している写真が載っているものがありました。小躯ながらも、凛としたその美しい容姿。アララガマ精神を体現しているように思いました。

母校の近年のさまざまな分野での活躍は、関東の地にあるわれわれ同窓生にとって嬉しい限りです。一昨年の暮れには、多くの会員が関東南秀同窓会の旗の下に集結し、全国サッカー選手権大会に出場した母校のため、サッカーの応援に声をあげました。母校の後輩たちの活躍ぶりは、われわれにとって母校との絆を再確認するよすがとなります。

ここにある「アララガマ精神」とは、宮古のひとびとの不撓不屈の精神を表す言葉とされます。

アララとは「土地」の意味、ガマとは「小さい」の意味、耕作可能な土地は狭いなか、それを活かして自力で農耕に汗を流す精神、繰り返す台風の被害にもへこたれずに立ち上がる精神ともいわれます。宮里のネタノートには、ネルソン・マンデラの「生きる上での栄光は、転ばないことではなく、転ぶたびに起き上がり続けることにある。」との言葉の引用もありました。宮里の生涯を通じた不撓不屈の労働弁護士人生を支えたのは、この「アララガマ精神」だったに違いありません。

米軍基地の重圧に苦しむ「沖縄の痛み」を軽減することこそ、国民的合意として形成されつつある「公益」の重要な内容であるといえるのではないでしょうか。

――国民全体が沖縄だけに犠牲を強いるのではなく、共に真剣に考えて欲しい。〈代理署名拒否事件〉

「しかし、沖縄県民は様々な基地被害の体験を通じて、基地のもつ問題を知っているからこそ、基地を本土に移してくれ、と言っているのではないのです。基地のあり方、地位協定のあり方、安保のあり方など、国民全体が沖縄だけに犠牲を強いるのではなく、共に真剣に考えて欲しいと訴えているのです。」（事務所新聞二九号、一九九六年より）

「国費留学生」だった宮里先生は、東京で弁護士業を営みながら、沖縄県関連の重大な事件にも複数関わっています。その歴史は、瀬長亀次郎氏「上陸」許可をめぐる事件にまで遡る（米国の沖縄統治の違憲性を問う「沖縄違憲訴訟」として一九七二年の沖縄返還まで継続）とのことで、宮里先生は沖縄のあり方を問う法廷活動のまさに生き証人のうちの一人であったといえます。上記の一節は、一九九五年の代理署名拒否事件についてのものです。

一九七二（昭和四七）年五月一五日、二七年にわたるアメリカの沖縄支配は終わり、沖縄は日本に返還されました。この返還に伴い、米軍が沖縄県内の土地を駐留米軍用地として引き続き使用するためには、国と地主の間で土地賃貸借契約（「軍用地使用契約」）の締結が必要となりました。軍用地使用契約の締結を拒否した土地を強制使用するためには、当該土地の所有者であることを証する地主の署名が求められ、地主が署名を拒否した場合には、地主に代わって沖縄県知事が代理署名することとされました（駐留軍用地特措法）。

一九九五年九月四日には米兵三人による少女暴行事件が発生します。これに抗議する県民総決起大会が開かれるなど米軍への批判が高まる中、九月二八日、大田昌秀沖縄県知事は土地返還を求めて契約を拒否する地主の意向、さらには長年にわたって強いられてきた米軍基地の過重負担を理由に代理署名を拒否することを表明します。

これに対し、当時の村山富市内閣総理大臣は、知事に職務執行命令を発し、「代理署名せよ」との命令を拒否する知事を被告に、職務執行命令訴訟（地方自治法旧一五一条の二）を一九九五年一二月七日、福岡高裁那覇支部に提起したのです。この訴訟は、国と沖縄県が米軍基地のあり方をめぐって法廷で真っ向から対峙するものでした。

沖縄県は、高裁で敗訴し、一九九六年七月一〇日には最高裁判所で弁論が開かれました。右の事務所新聞記事は、宮里弁護士が代理人の一人として最高裁で弁論を行い、八月下旬の判決を控えて書かれたものです。

国土面積〇・六％にすぎない沖縄に七五％の米軍基地が集中しているという沖縄県民に対する差別的取扱いの不当をそのままぶつけないで、本土を中心に配布される事務所新聞の記事を読む人の気持ちを良く考えた言葉となっているところが、宮里弁護士らしいです。そして同時に、この言葉には、基地被害の根源を問う平和の思想が沖縄に根付いていることへの誇りも込められていると感じます。

さらに、次の文章は、最高裁で沖縄県知事を代理して多くの弁護士が分担をして行った弁論の第八部として宮里弁護士が弁論した「公益侵害」に関する部分です。

第八　「公益侵害」要件の解釈と適用について

一　地方自治法一五一条の二、一項の「放置することにより著しく公益を害することが明らかである」という「公益侵害要件は、旧地方自治法一四六条の職務執行命令訴訟の規定にはなく、一九九一年改正の際に付け加えられたものであります。その立法趣旨が地方自治体の長本来の自主独立性を尊重し、代行できる場合を限定しようとするものであることはいうまでもありません。

地方自治の尊重とその推進は、一九九五年の地方分権推進法の制定にも見られるように、近時の我が国立法の流れでありまして、職務執行命令訴訟制度の重要な柱のひとつとされる地方自治体の長本来の自主独立性の要請は、従前にも増して協調される必要があります。

二（中略）

原審は、「公益侵害」要件の法的内容を誤って理解した結果、法的に求められる必要な判断を行わなかったばかりか、一件記録に明らかなとおり、この点に関する審理を一切拒絶したのであります。

（中略）

原判決は、「公益」について、「当該国の事務の管理執行を都道府県知事に委任している当該法令が右事務の管理執行により、保護実現しようとしている公的な利益」（二六〇頁）と狭く解した上で、立会署名の拒否が、結局は「条約上の義務を履行する可能性を完全に奪う」ことになるとして、知事の立会・署名拒否をもって直ちに「公益侵害」要件を充たすとしたのであります。

立会・署名拒否が、その後における駐留軍用地特措法の手続に支障をもたらすことは当然でありますす。もし、原判決のように「公益」を理解するならば、「公益侵害」要件は実質上無意味となることは明らかであります。

原判決のとる「公益」の解釈によれば、機関委任事務の執行における知事の義務違反は全て職務執行命令の対象となってしまいます。これでは代行の趣旨を限定するために設けられた「公益侵害」要件の存在意義は完全に失われることになるのは自明の理であります。

また「公益侵害」要件の該当性についての司法審査自体もその必要がなくなってしまいます。「公益侵害」要件は、原判決のいうように、「当該事務の管理執行により、保護、実現しようとする利益」が実現できないことそれ自体を指すものでなく、そのことに客観的かつ現実に公益に対する著しい障害が生じていることを指すものと解すべきであります。このように解してこそ、「公益侵害」要件は、要件としての独自の意義が承認されるのであります。

裁判所としては、「公益侵害」要件を充たすか否かにかかわって、上告人による立会・署名の拒否の結果、どのような公益侵害が生じたか、それが著しくかつ明らかであるかについて、本件で対象となっている駐留軍用地との関係において、個別的・具体的に審理・判断すべきであります。

しかしながら、原審は、「公益侵害」要件の法的内容を誤って理解した結果、法的に求められる必要な判断を行わなかったばかりか、一件記録に明らかなとおり、この点に関する審理を一切拒絶したのであります。

三　「公益」概念は、地方自治体及びその住民の利益さらには住民の基本的人権の保障を内容とし、ひろく国民の公共利益の実現という立場から判断されるべきであります。

「公益」をこのようにとらえるならば、米軍基地の重圧に苦しむ「沖縄の痛み」を軽減することこそ、国民的合意として形成されつつある「公益」の重要な内容であるといえるのではないでしょうか。

四　「公益侵害」要件の適用にあたっては、被上告人の主張する公益内容と米軍基地のもたらしている被害実態等々との比較較量判断が必要であるとの原審以来の上告人の主張に対して、被上告人は、比較較量論は、何ら明文の根拠のない独自の見解であるといいます。

しかし、比較較量論という法解釈の手法は必ずしも明文の根拠を必要とするものではありません。法解釈における比較較量論は、一般条項あるいは不確定概念の解釈適用にあたって、実質的ないし具体的妥当性あるいは具体的公平性といった法の理念を具体的事案において実現するためにとられる解釈手法のひとつであり、法の明文の根拠を要するものとはいえません。

「公益」とは、すなわち統治主体たる国の利益としての「国益」のみを指すものであると解するならば、比較較量は必要ないとする被上告人の主張もあたっていましょう。しかし、「地方自治の本旨」に基づいて、「地方公共団体における民主的にして能率的な行政の確保を図るとともに、地方公共団体の健全な発達を保障すること」を目的（地方自治法一条）とする地方自治法の「公益」概念が、いわゆる「国益」のみを意味するものとは到底考えられません。

比較較量論は誤りとする被上告人の主張は、結局のところ、「公益」を「国益」にすりかえた国益絶対優位論を唱えるものにほかならないのでありまして、日米安保条約の故に沖縄県民の人権や利益は犠牲にされても当然であるということを言いかえたにすぎません。

五　重要なことは比較較量論ないしは総合考慮にあたっての基本的視点です。

「公益」概念をひろく前述のようにとらえるならば、この場合の比較較量が「国益」と地方自治体及びその住民の利益のどちらが優越的価値を有するかという表面的な較量（フェイシャル・バランシング）であってはならないことは当然であります。

通称「象の檻」と呼ばれた米軍楚辺通信所ハンザタワーで（左端が宮里先生）

「公益侵害」要件の適用に際して求められる比較較量は、あくまで沖縄基地が生み出している諸事実を踏まえて具体的になされるべきです。長期にわたる基地被害、基地被害の深刻さ、このことによる基本的人権の侵害等々についての具体的な検討がどうしても必要であります。法が、「公益侵害」のみならず、侵害の顕著性、明白性を必要としていることからもこのことは当然であります。

原判決は「公益侵害」要件の解釈適用にあたって、沖縄の基地の実態を法的な判断の枠組みから排除したものであるが、このような原判決の判断は、基地の現状の維持と固定化を図る論理そのものであるとして強く批判されなければならないのであります。

最高裁判所が、上告人の主張する右に述べたような立場にたって、「公益侵害」要件について、改めて正しい解釈基準を定立し、本件における妥当な適用を行うよう求めるものであります。

明晰かつ説得力ある法的論理といえましょう。今回の語録の編集に当たって、編集委員会としては、この代理署名事件で宮里先生が最高裁大法廷で行われた弁論の内容をどうしても採録したいと考えました。弁論要旨の全体を収録した下記の本を探し出し、国会図書館でコピーを取ることができました（弁論本文は沖縄問題編集委員会編・沖縄タイムス協力「代理署名最高裁棄却」一九九六年より引用）。

しかし、この弁論は大勢の弁護団員が分担して朗読したものであり、分担までは本に載っておらずわかりませんでした。この弁論に代理人として列席した弁護士のうち最年少の加藤裕元日弁連副会長に、わがままを言って調査をお願いしました。そうしたら、加藤先生が、代理署名裁判終結後に沖縄県に対する支援団体（市民大学人の会）が作成した報告集の中から、最高裁で敗訴判決が出された当日の東京での報告集会での宮里先生の発言が見つかり、「公益侵害」の部分を担当されたことがわかりました。この弁論の解説にもなっていますので紹介します。加藤先生、ご調査本当にありがとうございました。

私は一審以来、本訴訟で「公益とは何か」ということを担当して最高裁でもそのことを弁論しました。

今度の最高裁の判決は公の利益とは、「安保条約」上の利益、国が基地を提供するという「安保条約」上で約束をしていること。それが公益なんです。私どもも、これが公益の一つであることは否定しません。しかし、最高裁の判決は、それのみが公益であって、それ以外の公益は考慮する必要がない、ということです。

これは我々の常識に著しく反しています。公益というものは少なくともそこに住んでいる人間の生活や、基本的な人権の保障を抜きにしてはありえないはずです。従って、少なくとも基地の問題と、「安保条約」の問題と、沖縄県民の受けている被害や人権、これをどう考えるか。まさにこのことこそ裁判所は司法として判断を求められたわけです。この点については、完全に、公益とは「安保条約」そのものである、それ以外は公益にあらず、基地の実態は法的な判断とは関係がない、というのが今日の判決です。繰り返しいわれているように、この事件に関する限りは終わりました。しかし、この大田知事の代理署名訴訟は、今日の判決をもって、司法の使命を放棄したと思います。この訴訟は、法廷では負けたけれども、「市民・大学人の会」で大きな関心を呼び起こしました。今、一番おどおどしているのは政府じゃないでしょうか。大田知事が代理署名を拒否したことによって、まさに基地問題が全国共通の課題になりました。そういう意味で私たちは狭い裁判所の中では負けたけれども、国民世論という法廷の場では確実に勝利をさらいました。

このことについて確信を持ってこれからの闘いを進めようじゃありませんか。がんばりましょう。

なんという力強い報告でしょうか。不撓不屈のアラガマ精神の面目躍如と言えるだろうと思います。

事務所に保管されていた事務所内「共同通信」（一九九六年七月二五日号）にも、宮里先生は次の

＝ような報告を残されていました。

「代理署名」の一〇日の弁論はとても盛り上がりました。知事の二〇分にわたる意見陳述は、琉球王朝時代の「平和の民」の歴史にも触れながら、聞かせるものがありました。裁判の主体は自覚した当事者本人であることを改めて確認しました。弁護士は良き脇役であることが最も理想的な「裁判闘争」のありようです。私は、職務執行命令訴訟における「公益侵害」とはなにか、を中心に弁論しましたが、全く論文、文献はなく、苦労しました。

さしば　一〇月頃、空がまっくら

①「さしば・たか　一〇月頃、空がまっくら。父の頃にはほうきでたたきとっていたらしい。夜中止まり木をつくる。下でひそんでいる。腕に包帯をまく。タカメシ。タンパク。魚をえさに海でとって与える。今は保護鳥。毎日　秋　たかめし　一週間」（作成日時：二〇一二年一〇月二六日一九：四二）
②「くまぜみ　三」（更新日時：二〇一七年一一月一日）
③「宮古島最初のグローブ。小学校四年生。ラビット。中学決勝　二校しかない」（二〇一七年一一月一日）

飲み会の帰りの電車の中で、宮里先生が、宮古島少年時代の楽しいお話をしてくださったことが何度かありました。楽しく驚くべきエピソードは、尽きることがなく、一度、記録せねばと思い立ち、電車で別れた後に携帯電話（ガラケー）にメモしたのが右の①～③です。データ作成年月日は二〇一二年～二〇一七年。恒例の労組との野球大会の打上げ会の帰りのことでした。

宮古島でのお話から国費留学生としてのご経験まで、沖縄の「現代史」をまさに体験された方として、私（秦）はぜひ半生記を書いて頂きたいとお願いしていました。佐藤むつみ先生の「『労弁』になったオキナワの少年」（「法と民主主義」四四四号、二〇〇九年一二月）の記事のコピーを頂き、宝物にしています。そして三年前、自治労中央機関紙「じちろう」の「ウチナーからヤマト――激動の時代を労働弁護士として生きる」の連載（二〇一九年二月～）は、毎回心待ちにしていました。事務所全員にコピーを配布した後、「しんのさん、コピー入れておいたからね」と声を掛けてくださいました。そして、まだまだ現役で元気で活躍して下さると誰もが思っていた時に高橋さん、高井さん、棗さんが企画してくださった『労働弁護士「宮里邦雄」55年の軌跡』も素晴らしかったです。

ただし、宮古島での野性味溢れるエピソードのファンとして、抜けているエピソードがあるのです！ それがこの三つです。

①は、サシバ、という渡りをするタカが、昔の宮古島には一定の時期多数おとずれ、貴重なタンパク源となっていたという話で、罠を仕掛けて夜通し構えていて捕まえるんだよ、と詳しくその様子を伺い、わくわくしました。このサシバは、今は保護鳥（絶滅危惧種）とのことで、「外ではこの

話はできない。」とおっしゃっていました。でも上記のお話はまだ合法な頃。サシバなしでは宮里語録は終われません。

②の「くまぜみ　三」というのは、くまぜみを捉える方法が三つあって、くわーしく伺ったのですが、まったく覚えられませんでした。「こういう話を孫にするとじいじは野蛮と言われちゃうんだよ」と大きな笑みを浮かべておられました。

③は野球好きの先生から伺った野球黎明期のエピソード。ボールを自作した話から、小学校四年生の時に島で最初のグローブを買ってもらった、というお話。ラビット皮?そして、これで「中学決勝戦に出てたんだよ」と聞いて驚いていると、「というのはね、当時野球部がある中学校は二校しかなかったんだよね(笑)」というお茶目な笑顔。

知的なイメージの宮里弁護士でしたが、労働組合とのソフトボール大会も大好きで「かみさんにもういい歳だから出るなと言われているんだよね」と一五年位前?までは出場していらしたのです。

宮里語録の旅――沖縄・宮古島を行く

中川　亮

ふるさとを離れて六三年、沖縄育ちの我が身にとって沖縄はいつも離れ難き存在であったし、これから

もそうあり続けるだろう

――沖縄弁護士会会報、二〇二一年夏号より

本書を編集するにあたって、宮里先生の遺した文章を探し、通読した。自らのルーツであり、小学校から高校までを過ごした沖縄への思いに溢れた言葉が、予想以上にたくさん残されていた。短文が多いが、穏やかな筆致で少年時代を懐かしみ、どれも故郷への深い愛情と懐旧、変わっていく故郷への哀惜の念に満ちた愛すべき小品ばかりだ。先生が育ち、愛し、懐かしんだ島を知らずして、「語録」は語れない。この四月と五月の二回、宮古島と沖縄本島に、宮里語録を旅した。

なお、同じ法律事務所の大先輩であった宮里邦雄先生に対して、筆者には「先生」という呼称以外の選択肢はない。本稿でも、先生と呼ばせていただくことをご了承いただきたい。

よく親に店番を命じられたが、正月の店番は遊びたい盛りの子供にはほんとうにつらい。親の目を盗んで店番を放棄して遊びに抜け出し、大目玉をくらった「ボーチラー」（宮古島の方言―腕白小僧）時代のことを今でもはっきり覚えている

――東京共同法律事務所事務所新聞「りべるて」、「子供の頃の思い出」より

宮古島で最初にお会いしたのは、宮里先生の長兄、宮里不二雄さん。一九三三年生まれで、御年九〇歳。一線の臨床医は退かれているものの、取材時時点で、地元で社会福祉法人の理事長をお務めのお医者さんだ。宮古島と橋でつながっている下地島の空港まで、自らハンドルを握って迎えに来てい

ただき、ひたすら恐縮する。

知的な雰囲気でいながら気さくな感じ、そしてどことなく甲高い声が宮里先生にそっくりだ。兄弟だなと思う。

宮里邦雄先生は、一九三九年七月、現在の大阪市天王寺区で生まれた。三男坊だ。

宮古島にあった実家は、「宮古島最大の商店」（不二雄さん）だった。屋号は、「山に小」で「ヤマコ」。「小から転じて山をなす」と言う意味で、不二雄さんら宮里兄弟の祖父が創業した。

大阪に支店を置き、沖縄の物産を仕入れて大阪で売り、大阪で仕入れた物資を宮古で売った。その支店を任されていたのが、兄弟の父良和さんだった。

終戦後、米国占領下の沖縄と本土間の物資のやり取りが困難になったことや、父良和さんがぜんそく気味だったこともあり、一家は良和さんの故郷、宮古に戻る。

以後、一九五八年に国費留学生として東京大学に進学するまで、宮里先生は少年時代を宮古島で過ごした。

ヤマコの店舗は、今はない。不二雄さんによると、宮古島の中心、旧平良市街のメインストリート、下里通りにあった。往時の写真が残っている。かなり間口の広い、大型のスーパーマーケットという感じだ。跡地は、今は駐車場や飲食店になっている。通りには、駄菓子や日用品を買い求める子どもや市民ではなく、コロナ明けを待ちかねていたかのように島を訪れた台湾や韓国からの観光客と思われる男女が行き交う。

往時のヤマコ（2004年撮影、ご親族提供）

恨めし気に店番をしていたボーチラーの面影は、偲ぶべくもなかった。

動く野球じゃなくて、考える野球なんだ
——宮里不二雄さんの回顧談より

平良市立（現宮古島市立）平良中学校、琉球政府立（現沖縄県立）宮古高校に進学した邦雄少年は、中学三年生のときに全琉中学校英語弁論大会で四位に入賞している。中学や高校の模試でも島内や県内上位の常連だったようだ。

スポーツにも熱心で、特に野球が好きだった。中学時代は野球部に所属し、ポジションはセンター。「三年のときには宮古島中学校選手権で優勝した。ただし、野球部があるのは二校で、初戦イコール決勝。勝だった」という話は、先生の定番だった。

国労弁護団で活動を始める前から、国鉄スワローズファンだった。一九五八年、長嶋茂雄がデビュー戦で、国鉄の主戦金田正一から四三振に切って取られた伝説の試合は、後楽園球場のスタンドで観戦していたらしい。

二〇一五年の日本シリーズでスワローズがソフトバンクホークスと対戦（四勝一敗でホークスが勝利）したとき、敗北を嘆く先生に（福岡県出身でホークスファンの）筆者が、「まさか、一敗するとは思ってもいませんでした。スワローズよくやりました」と混ぜ返したら、本当に悔しがっておられた。

実際、邦雄少年のプレーぶりはどうだったのだろう。不二雄さんに尋ねると、「ずっと野球が好きで、自分でもやっていました。ただ、端から見ていて正直、運動神経はいい方とは思えなかった。ある日そう茶化したら、『動く野球じゃなくて、考える野球なんだ』と言い返されましてね」と笑った。

英単語カードをつくり、ポケットに入れ、夕暮時近くの漲水港に突き出しているポー崎に出かけ、伊良部島の島影をみながら海に向かって大声で英語の発音の勉強したことも高校時代の懐かしき思い出の一つです

——『労働弁護士「宮里邦雄」55年の軌跡』（論創社）より

ヤマコー跡や平良中学校、宮古高校のある旧平良市の中心部から坂をくだって二キロほど、二〇分も歩けば海岸に出る。宮古島市民憩いの場であるパイナガマビーチの北東に位置する海岸が、漲水（はりみず）港である。不二雄さんから「何も残っていませんよ」と念を押されながら、邦雄少年を偲ぼうと漲水港に出向いたら、本当に何も残っていなかった。

コンクリートで護岸された海岸は、埋め立てられ、コンテナを積んだトラックやフォークリフトがクラクションを鳴らしながら行き交う。これでは大声を張り上げても英単語は聞きとれない。ポー崎は岬全体が埋め立てられ、半島の形状の痕跡すらない。どこにあったかもわからない。沖に見える伊良部島の島影は変わらないが、宮古島との間に二〇一五年に完成したばかりの伊良部大橋（全長三五四〇メートル）が、空と海の間にアーチを描いている。

橋はまだ被写体になるからいい。ただ、その近くの埋め立て地に見える、建設中の大型ホテルは目障りだ。二〇二三年六月に開業予定のヒルトンホテルだという。そういえば、下地島の空港から通ってきた伊良部島の海岸沿いにも、完成したばかりの「こじゃれた」宿泊施設が軒を並べていた。架橋の効果だろう。

宮古島は外国船クルーズの人気寄港地だという。おそらくその客層を狙ったのだろうが、世界に誇るサンゴ礁の海を埋め立てたりしてまで、大型宿泊施設を数々造る必要があるのだろうか。よそ者のたわごとと言われればそれまでだが。

宮里先生は、以下の一文を書き残している。

「復帰前とは見違えるほどの経済的繁栄を築き上げてきた沖縄だが、「基地の中に沖縄がある」という状況は今もなお続いており、軍事基地のもたらす様々な問題は解消されていない。さらに、「リゾート開発」がもたらしている沖縄の豊かな自然破壊はますますひどくなっている。本土との所得格差をはじめ

とする格差もなお大きい」。

一九九二年発行の東京共同法律事務所事務所新聞「りべるて」に寄せた一文だ。リゾートだけではない。宮古島には二〇一九年、自衛隊の駐屯地が新たに開設されている。三〇年以上前に発せられたこの警句が、今も当てはまるどころか、まったく改善されていないことに驚く。

「このままじゃ、宮古はリゾート植民地ですよ」。不二雄さんの嘆きが胸に響いた。

中学時代のことで言えば、嬉しい思い出があります。中学二年生のとき、生徒会がつくられ、生徒会歌の作詞募集があり、私の作った詞が採用されました。「緑は映えて　花は咲き　吹くはそよ風わが心」で始まる宮里作詞の生徒会歌が、今も歌われているかどうかは知りませんが

——『労働弁護士「宮里邦雄」55年の軌跡』より

宮里先生の疑問を解消すべく、母校・平良中学校の門をくぐる。校庭に、大きなガジュマルの樹が枝を張り巡らせている。ガラス張りにしつらえられた校長室で、宮國幸夫校長先生と與那覇正人教頭先生が迎えてくれた。

「実は残念ながら、お探しの生徒会歌はもう歌われていないのですが」。宮國先生が済まなさそうに打ち明けながら、「でも、こんなものが残ってました」と一冊の冊子を差し出す。表紙に、「記念誌昭和五八年二月　平良市立平良中学校」とある。学校創立以来の出来事が列挙され、ページを繰ると

「一九五四年度」の欄に、「九・七　生徒会歌決定　作詩　三年・宮里邦雄　作曲　教諭・花城武彦」とある。しかも、全歌詞が譜面付きで収められているではないか。

緑は映えて花は咲き
吹くはそよ風わが心
希望あふるる学園に
生声《うぶごえ》あげしわが集い
これぞ我らが生徒会

小鳥さえずる学び舎に
夢が我らを呼んでいる
もえる希望を胸にだき
築くぞ我らこの腕で
これぞ我らが生徒会

「生徒会の歌」楽譜

三年生のときの出来事を、二年生のときの出来事としていたのはご愛敬としても、冒頭部分は、一字一句たがわず、宮里先生の記憶のとおりだ。

中学生の詩を論評するのは野暮というものだが、そよ風、夢、希望、あまりに真っすぐな詩だな、と思う。だからこそ生徒会歌に選ばれたのだろうが。

それにしても、詩の全部だけでなく、譜面が残っていたのはありがたい。明るく、清々しい曲調だ。いつか再現したいと思う。

「いつ頃まで歌われていたかは、わからないんです」と先生方。「いえいえ、これがあれば、また、歌い継いでいくことができます」と筆者。

よくぞ残しておいてくれました、である。

丁重に謝辞を述べ、歌詞と譜面のコピーをいただいて、学校を後にした。

私も時々短いエッセイめいた一文を頼まれて書くことがあります。「むずかしいことをやさしく、やさしいことをふかく、ふかいことをおもしろく、おもしろいことを、まじめにかくこと」（井上ひさし『ゆれる自戒』）を心がけていますが、いつもなかなか筆が進みません

——仲地清成さんへの書簡（二〇一七年一月二四日付）より

仲地清成さんは、宮里先生と宮古高校の同窓。長年、宮古島で教職にあった方だ。年齢は仲地さんが三つ上。高校時代に直接の接点はなかったものの、宮古高校の南秀同窓会で、仲地さんが宮古の会長、宮里先生が関東の会長を同時期に務めていた関係で、交友が始まった。

仲地さんは長年、地元紙宮古毎日新聞で、「行雲流水」というコラムを執筆している。朝日新聞の天声人語、毎日新聞の余録にあたる部分である。

宮里先生との交流は、お互いが新聞や雑誌、機関紙などに寄せた記事のコピーを交わし、感想を述べ合いながら、続いた。

「行雲流水」に、宮里先生は二度登場している。二〇二〇年二月四日付では、本書にも収録されている「どうやら労働弁護士という職業は私の足に合った靴だったようだ」との「宮里語録」を交え、労働弁護士としての活動を紹介している。

二〇二一年六月二九日付では、先生が生前上梓した、『労働弁護士「宮里邦雄」55年の軌跡』が紹介され、「宮里氏は、最高裁判所での弁論など、その時代を反映させるさまざまな労働事件に携わったことを労弁冥利に尽きると語っている。その才能と使命感が光る」と締めくくっている。

「宮里さんは、郷土宮古が生んだ誇り得る弁護士でした。そのことをぜひ紹介したかった」と仲地さんは語る。「宮里さんからは、正岡子規の句集を自宅の机の上に置き、深代惇郎の天声人語や丸谷才一のエッセイ集を鞄に忍ばせて、電車の車中で愛読していると聞いていました。井上ひさしの言葉の引用もそうですが、あの文章力は、弛まぬ研究心と探求心のたまものなんでしょうね」。

年のせいでしょうか、昨今宮古のことがとても懐かしく思い出されます。当方、とみに体力は劣化していますが、「一日一生」、これからの日々を大切に過ごしたいと思っています

――仲地清成さんへの最後の書簡（二〇二一年七月八日付）より

二〇二三年二月二一日付の宮古毎日新聞に、「追悼　宮里邦雄氏の逝去を悼む」と題する長文記事が掲載された。筆者は仲地さんだ。その中で、「最後に手紙をもらったのは二〇二一年七月」として、書簡中のこれらのくだりが紹介されている。

先生の文章には珍しく直接的で情緒的な表現が、当時の先生の胸のうちを明らかにしているようだ。その後まもなく闘病生活に入られたことが思い出され、痛切極まりない。

「宮里邦雄さん。輝かしい人生を送ったことを誇りに、旅立ってください。冥福を祈るや切」が、追悼記事を締めくくる、仲地さんの宮里先生への「最後の言葉」である。

東京には、沖縄出身の学生で組織する東京沖縄県学生会があり、時折沖縄の施政権返還を要求する集会などに学生会の友人と参加していましたが、そのうち数人の仲間と語らって『沖縄評論』という雑誌を創刊し、沖縄の歴史研究と祖国復帰運動の理論化（?）を試みたこともあります。これはいわゆる「一号雑誌」で終わりましたが……

――自治労機関紙「じちろう」連載「ウチナーからヤマトへ」第五回より

宮古を離れ、那覇に向かう。目的は、一つ、大学時代に先生が参加して創刊した一号雑誌（創刊号＝終刊号となった）「沖縄評論」を読むためだ。

「沖縄評論」について、宮里先生と筆者の間に一つ話がある。ほんの数年前のこと。雑談で創刊号きりで終わった沖縄評論の話題になり、先生から「実は私の手元にも現物が残っていないんだよ。主

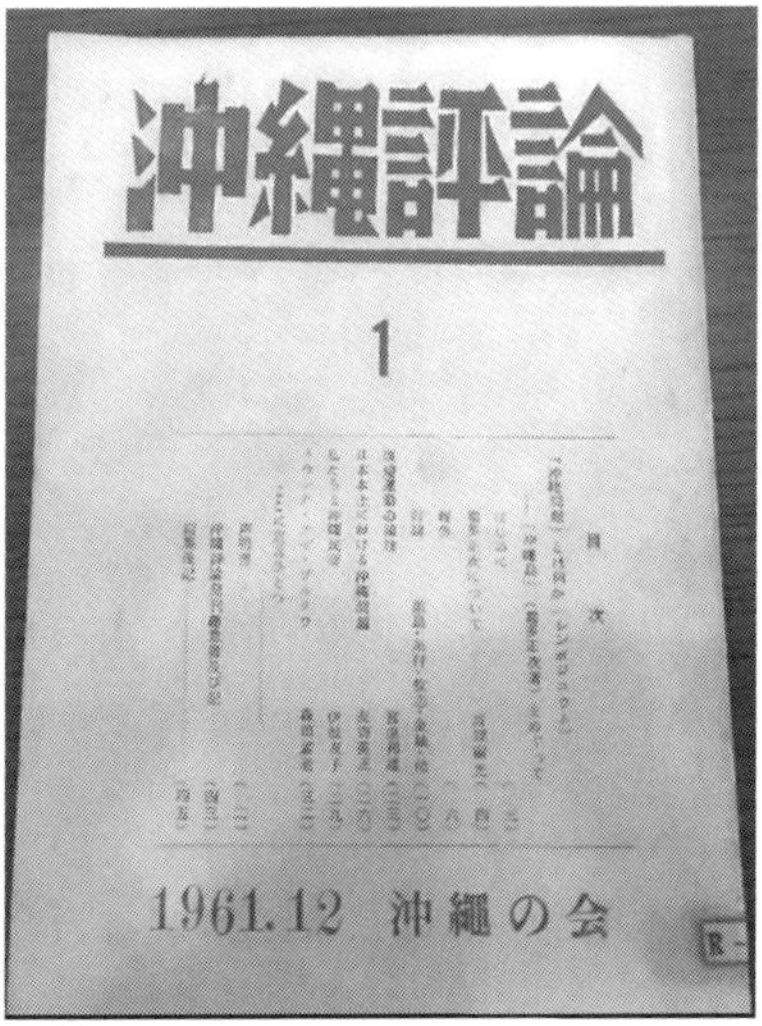

幻の「沖縄評論」

だった図書館もあたってみたが、それでも見つからない。」

筆者が探してみることになった。神田や神保町界隈で目ぼしい古書店を当たったが見つからない。数か月後、ある地方都市。法廷に出た帰路、たまたま見つけた古書店で店主に尋ねると、「あー、ありますよ」。奥の書棚から、深紅の文字で「沖縄評論」と表紙に大書された冊子が出てきた。

A5判で、全四六頁。「一九六一・一二　沖縄の会」とあり、表紙に記された目次に「宮里邦雄」とある。間違いない。おいくらか、と尋ねると、「五万円はいただかないかと」。早速先生の携帯に電話する。

「先生、ありました。ただし、五万円します。どうされますか」

「(嬉々とした声で) 問題なく買うよ」

こうして、先生の手元に渡った「沖縄評論」だが、先生がお亡くなりになった今となっては、お借りして読むことができない。かといって、新たに探し求めるのが困難なのは、かくのごとしである。

先生にとって、**「喫茶店や友人の下宿先で何度も編集会議を開き、裸電球のうす暗い小さな印刷屋で**

刷り上がった雑誌を手にした時のふるえるような感動はいまだに忘れられない。印刷代がなかなか工面できず、夏休みに沖縄に帰省した際、カバンに雑誌を詰めて持ち帰り、売り歩いたが、なかなか売れなかった」（東京共同法律事務所事務所新聞「りべるて」より）と述懐するほど、思い入れのある作品である。

語録トラベラーとしては、何としても読みたい。探しに探して、ついに、見つかった。

沖縄県公文書館は、琉球王朝の古都、首里の丘から南に三キロほど下った南風原町にある。ひめゆり学徒の悲劇で知られる旧陸軍病院壕など、周囲には戦跡が残る。

大田昌秀知事時代に、米国の公文書館を参考に建設された。沖縄関連の文献、映像については、質量とも随一の収蔵量で、ここならあるかもしれないと目ぼしをつけたら、やはりあった。

カウンターで閲覧申請をすると、早速、見覚えのある赤い文字の表紙が出てきた。間違いない。無事再会である。

全体は「沖縄問題」とは何か（シンポジュウム）」と題される章と各筆者の個別の論考で構成されている。若き宮里先生は、討論では「進行係」、個別論考では、「復帰運動の論理」と題する小論を担当している。

ここでは、本書について詳しく論じる紙幅はない。「語録の旅」の締めくくりとして、筆者が宮里先生らしいと感じた「語録」を紹介して、この旅を終えることとしたい。六〇年以上前の宮里青年の問題提起は、今も十分示唆的だ。

「一般の市民は、日常体験の中から不満を感じとっていても、そのような不満が一体どこに起因するも

のか、そしてそのような不満を何にぶつければ良いのか、ということについては、十分な意識を持っていない場合が多い。市民の中にある、そういうもうろうとしたものを鮮明にすることが、リーダシップでなければならない。個々人のもっている不満や批判を共通の場に集積させ、それを共通項でくることによって、住民の中に強い連帯感を作り出すことが必要なのである」

「感情へのアッピールのみに頼る運動の理論は、逆説的だが、強烈であるが故に、持続性をもちえないともいえる。いわゆる熱し易く、冷め易いのが感情の属性である。感情に頼る理論は、不断に感情を喚起していなくてはならない。だが、これは極めて困難であり、同時に限界がある。とすれば、やはり運動の理論にも、単に感情に訴える以上の何ものかが必要になるのではないか。現在運動に要求されるのは安易なセンチメンタリズムからの脱却である」

第三章

平和と民主主義を求め続けて〈平和・政治編〉

平和なくして労働運動なし

これは『法と民主主義』五四六号（二〇二〇年二月・三月合併号）に掲載された巻頭言のタイトルです。宮里先生は戦争の惨禍を受けた沖縄の出身者として平和への強い想いを抱いている方でした。そして、労働運動の基礎が平和であり、労働組合が、平和と民主主義の担い手とならなければならないと説いてやまない人でした。

「国際平和なくして世界の労働者の労働条件の向上も、団結権の保障もない」とするのがＩＬＯの精神である。

改憲を阻止するためには、広範な世論形成を図る必要があることからすれば、労働組合が広く市民と連帯し、平和を求める担い手として改憲阻止のたたかいに取り組むことは、社会的労働運動（ソーシャル・ユニオニズム）として、労働組合の存在意義を社会に示し、正規・非正規を問わず、広く労働組合に結束する契機をつくり、労働運動の再生・発展にも資することになる。

憲法制定後、いくたびか改憲の動きがあったが、護憲運動の中心を担ったのは、労働運動であった。憲法制定より一年も早く一九四五年一二月に労働組合法が制定されたのは何故か。それは、労働組合が平和と民主主義の担い手であることが期待されたからである。

「平和なければ労働運動なし」ということを銘記して欲しい。

憲法九条への自衛隊の明記は、防衛費の増大はもとより、非核三原則や武器輸出三原則の見直し、軍事刑法の制定、軍法会議の創設などにも道を開くことになるおそれすらある。

いま、岸田政権は憲法に自衛隊を書き込むことを柱とする改憲案の国会提出を追求しようとしているように見えます。自衛隊は既にあるものですから、これを追認したとしても、何かが変るわけでもないと考えられている方もおられるかもしれません。地上戦を経験し、基地の集中している沖縄の視点で、長年にわたって、日本の平和について考えて来た宮里先生は、憲法に自衛隊を書き込むことによって、現状に重大な変更がもたらされると論じています。これは、『月刊社会民主』の二〇一八年一月号の記事ですが、今こそ、きちんと読みなおされるべき一文であると思います。

憲法の下位にある自衛隊法という法律上の存在である自衛隊を憲法上の存在に高めることは、決して現状の追認ではなく、現状の重大な変更である。集団的自衛権の行使の制約、専守防衛などは憲法九条の制約下にある自衛隊であるからこそであり、もし憲法九条の軛から解放されれば自衛隊の性格は大きく変質することになる。安保法制は強引な「解釈改憲」によるものであったが、いかに恣意的であっても「解釈改憲」には限界があり、「明文改憲」（「条文改憲」）とは全く異なる。

憲法九条への自衛隊の明記は、自衛隊の活動と任務を拡大・強化するためとして、防衛費の増大はもとより、非核三原則や武器輸出三原則の見直し、軍事刑法の制定、軍法会議の創設などにも道を開くことになるおそれすらある。

今後、日米軍事同盟の強化・一本化はますます進むであろう。また、「緊急事態条項」創設の必要性も自衛隊の九条明記と絡んで論議されることになろう。

米軍により、沖縄県民は生命を奪われ、生活を破壊され、ありとあらゆる人権を侵害されています。

――金城睦弁護士の恵庭事件における弁論を回想して

以下の文章は、宮里先生が、国費留学生の二年先輩として、法学部時代のセツルメント活動（貧しい人が多く住む区域に定住し、住民と親しく触れ合ってその生活の改善と向上に努める社会運動のこと）のセツラー仲間として、そして同期の沖縄出身の弁護士として、沖縄の基地問題や人権・平和問題について語り合う同志であった金城睦弁護士の訃報（二〇一四年一〇月九日）に接し、みずからも共同で作成した金城睦弁護士の恵庭事件における弁論を回想している一文です。

金城弁護士は、本土復帰運動をけん引したことでもよく知られています。また、沖縄弁護士会の会長も務められました。

この弁論は、札幌地方裁判所昭和四二年三月二九日無罪判決につながったものであり、宮里弁護士の想いとも重なるものと思われます。一九期司法修習生同窓誌「いしずえ」五二号（二〇一五年）から抜粋して紹介します。

昭和四二年一月一八日、雪の札幌地裁における恵庭事件の弁論の法廷である。恵庭事件の弁論は、四三人の弁護人が七日間に亘って行うという大弁論であった。金城さんは六日目に登場し、「自衛隊と沖縄」というテーマで弁論を行った。この時の金城弁論は、他の弁論とともに、全文が「法律時報臨時増刊『恵庭裁判―憲法九条と自衛隊』（昭和四二年四月二五日発行）」に掲載されている。金城さんは弁論をこう切り出した。少し長くなるが引用したい。

「私は、沖縄に生まれ、大学入学まで沖縄に育ちました。沖縄には私の親兄弟・友人・知人を含めて九六万人の日本国民が住んでいます。沖縄は第二次世界大戦の末期に本土の防波堤として最後の激戦地になり、わずか三ヵ月間の戦闘で二〇万人近い生命が失われたところです。わずか一四、五歳の中学生や女学生も戦争に駆り立てられ、ひめゆりの部隊、鉄血勤皇隊として痛ましい最後を遂げたことは出版物や映画などで裁判官も御承知のことでしょう。戦争が終わって長い間待ち望んでいた平和が訪れるかと思えば、今また沖縄は、アメリカの軍事支配の下に原水爆基地にされ、ベトナム侵略戦争拡大の中で、臨時体制の下に文字どおり戦争の脅威にさらされています。米軍により、沖縄県民は生命を奪われ、生活を破壊され、ありとあらゆる人権を侵害されています。そこで沖縄県民はベトナム侵略戦争に反対し、軍事基地に反対し、米軍とそれに従属している自衛隊に反対し、祖国復帰をめざして闘っているのです。私は、この沖縄県民を代表する気持ちでこの弁論を行いたいと思います。」

弁論は、この切り出しに続いて、「アメリカの極東軍事戦略体制における沖縄の地位」「沖縄における米軍基地の実態と役割」「沖縄を媒介としてみた自衛隊と米軍との問題」を論じ、沖縄を媒介としてみれば、自衛隊は憲法九条と絶対に相容れない存在であると断じて締めくくっている。

弁論の内容については、金城さんと古波倉弁護士（沖縄出身、一四期）、そして私も加わり三人で論議し、金城さんが執筆した。法廷に響き渡る金城さんの熱弁を弁護人席で、興奮抑え難く聴き入ったことを想い出す。

昨年の総選挙（二〇一四年）は、沖縄だけ安倍政権が推す候補が全員敗退するという結果になったが、強引に辺野古新基地を作ろうとする安倍政権にノーをつきつけた「ウチナーンチュウ」の誇りを示した選挙結果に金城さんはさぞや快哉を叫んでいるであろう。

格差と貧困が広がることは民主主義社会の危機である

宮里先生は社会に格差と貧困が広がることが社会の基盤の危機であるという認識を繰り返し示し、労働者の人権保障を確立することが、国民的な課題なのだと説きました。以下の文章は、連合総研ワークショップ「安倍政権の成長戦略を問う」（二〇一四年七月二八日）における発言から要約しました。

貧困率が高い社会では他人への信頼感がなくなるということが指摘されました。これは連合が目指そうとしている「労働を中心とする安心社会」に対するまさに挑戦だろうと思います。格差と貧困が広がることは、社会の安定的な基盤が損なわれることにほかなりません。

先ほどＩＬＯの「商品ではない」という原則についてふれましたが、ＩＬＯのフィラデルフィア宣言は最初に「労働は商品ではない」。二番目に「表現の自由と結社の自由は社会の発展に不可欠である」。三番目は、「一部の貧困は全体の危機である」と言っています。まさに格差と貧困が広がることは社会の基盤の危機であり、それは同時に民主主義そのものの危機であるということだろうと思います。

労働法制の問題はすべての働く人の問題であるとともに、国民的な課題でもあると受け止めて欲しい、そしてぜひ連合の皆さんには働く人すべてを代表する立場で運動を牽引していただきたいと思いますし、私もそのような運動をサポートしたいと思います。

安倍政権は女性の社会進出と少子高齢化政策に力を入れるというが、長時間労働は、これらの政策と矛盾するアベコベミクス（！）だ。

この原稿は、二〇一四年六月に、東京・四谷の主婦会館プラザエフで、事務所が主催した講演会「安倍政権下の人権・憲法を考える」で、宮里先生が、「アベノミクスと労働法制の規制緩和」と題して講演された内容です。安倍政権のアベノミクスの下で進められた労働法制の規制緩和に対する、原理的で厳しい批判となっていると思います。

何故労働法規制が必要か。雇用関係においては労使が非対等だからだ。非対等性の下で使用者による雇用・労働条件の一方的決定が行われ、労働者の人権が侵害されるおそれがある。ＩＬＯフィラデルフィア宣言（一九四四）は、「労働は商品ではない」と宣言したが、非対等性の下では労働も商品として扱われることになる。雇用関係を「契約の自由」に委ねる訳にはいかない。労働基準法をはじめとする労働法規制は、労働者を保護するために生まれ、発展してきたものであり、労働法規制は必要不可欠だ。とりわけ、解雇規制、労働時間規制、非正規労働の規制は今日もっとも重要な中核的規制である。

安倍政権は、「世界一企業が活動し易い国を実現する」として、企業活動を制約する労働法規制を緩めようとしている。現在の規制は成長戦略の妨げとなっているという。まず、派遣労働の規制緩和である。これまで派遣労働を認める上での大前提であった「常用代替防止」の枠組みを取り払い、派遣労働の利用が恒久的に可能となる派遣法改正法案が今国会に提案されている。

今後の規制緩和のターゲットは労働時間規制と解雇規制だ。「働いた時間に関係なく成果に応じて賃金を支払う、新しい労働時間制度」が必要だとして、一定の職種や年収の多い労働者について、労働時間規制の適用を除外し、長時間労働をしても、残業代を支払わなくてよい「残業代ゼロ法」を導入しようとしている。

残業代の支払は長時間労働を抑制する歯止めであり、このような適用除外制度が、ひとたび認められれば、最初は限定的でも必ず拡大されるだろう。一九八五年に、専門一三業務・期間三年に限って容認された派遣が、その後拡大された派遣法の歴史がそのことを証明している。残業代を払わないブラック企業が社会的に拡がっているが、残業代ゼロの長時間労働は、「ブラック企業」の「合法化」だ。

長時間過重労働が常態化している労働現場は少なくなく、過労死、過労自殺、長時間労働からくる心の病が、深刻な問題となっている。今国会で超党派の賛成によって過労死防止を国の責務とした過労死防止基本法が成立した。安倍政機は女性の社会進出と少子高齢化政策に力を入れるというが、長時間労働は、これらの政策と矛盾するアベコベミクス（！）だ。

解雇規制緩和の柱として検討されているのが解雇の金銭解決制度である。解雇が無効とされれば雇用継続となるが、解雇が無効でも解雇補償金を支払えば、雇用を終了させることができる制度で、いわば「雇用を金で買う」仕組みである。

これはかねてから使用者団体が求めてきたものである。

もしこのような制度ができれば、安易な解雇が横行し、解雇権濫用を禁止した労働契約法の規定は、空文となり、金さえ払えばとのモラルハザードを引き起こすことになる。

また、有期労働契約について二〇一二年労働契約法改正で認められた契約期間五年超の無期労働契約へ転換権について、早くも緩和・見直しの要望が高まっている。すでに、昨年（二〇一三年）一二月に有期契約の大学教員等については五年超を一〇年超にする特例法が制定されたし、今国会では、「専門的知識を有する有期契約労働者」について、同じく一〇年超とする特例法案が提案されており、今後は五年超ルールそのものの見直しが検討の対象とされようとしている。総じていえば、より解雇し易いルール、長時間労働が可能となるルール、派遣労働や有期労働を長期に利用できるルールにしようというのが、安倍政権が目指す労働法規制緩和であり、労働者保護を弱める緩和策のオンパレードだ。

「戦略特区」方式を利用して「特区」を突破口に規制緩和を実現しようとしていることにも要注意

だ。

規制緩和論者は、わが国の労働法制が厳しいかの如くいうが、EU諸国の規制と比較すれば、むしろ規制は弱い部類に入る。例えば、多くの国で定めている一日の最長労働時間の法的規制がないなどである。いまわが国で必要なのは、規制の緩和ではなく、規制の仕組みの整備・強化である。」(「東京共同法律事務所ニュース」六六号、二〇一四年より抜粋)

甘利明議員の金銭授受はあっせん収賄罪が想定していた典型的な場合であり、検察はきちんと捜査して起訴すべきだ。

甘利明元経済財政・再生相をめぐる金銭授受問題について、弁護士たちが二〇一六年三月一六日、千葉県の建設会社と都市再生機構(UR)との補償交渉で口利きした見返りに現金を受け取ったとして、甘利氏と元公設秘書をあっせん利得処罰法違反容疑で東京地検に刑事告発しました。この告発に取り組んだのは社会文化法律センターに集う弁護士たちで、会見では宮里先生が代表として告発内容を説明しました。この告発状を作成したのはこの語録編集委員会の中心メンバーである中川亮弁護士です。

告発の根拠となった、あっせん利得処罰法とは二〇〇〇年に制定された、比較的新しい法律(平

東京地裁司法記者クラブにて　左から中川、矢田部、細川潔、宮里、小川、中野、海渡の各弁護士

成一二年法律一三〇号）で、国会議員、地方議員もしくはその長が、影響力を行使して国や地方公共団体の公共工事について公務員に口ききした見返りに金品を受け取ることを禁じています。罰則は三年以下の懲役とされ、公設秘書は二年以下の懲役とされていました。

この法律の制定のために精力的に動いたのが、矢田部理元参議院議員でした。矢田部氏は、黒田法律事務所時代からの宮里弁護士の友人で、社会党の参議院議員を四期つとめ、新社会党の代表もされた方です。矢田部弁護士が、この告発を宮里弁護士にもちかけ、海渡、中川、小川隆太郎弁護士が実務を担った形でした。この写真の三人、矢田部氏、東京共同に所属し厚木で独立し、弁護士を長くされていた中野新弁護士、宮里弁護士の三名はともに鬼籍に入られました。心から冥福を祈ります。

この事件は、甘利氏と元公設秘書の二人は共謀して、建設会社とＵＲの道路工事を巡る補償交渉で、甘利氏の衆議院議員としての権限に基づく影響力を行使した対価として、甘利氏は二〇一三年一一月と一四年二月に現金計一〇〇万円を、元秘書は一三年八月に現金五〇〇万円を受け取ったとされていました（『週刊文春』報道）。

新聞には告発状を提出した宮里邦雄弁護士は「しっかりした捜査で真相が究明されるべきだ」と話したと報じられています。三月三〇日に収録されたＩＷＪ・岩上安身氏のインタビューでは、「本件はあっせん収賄罪が想定していた典型的な場合であり、検察はきちんと捜査して起訴すべきだ」と力強く述べています。

特捜部は五月三一日、道路新設工事の補償交渉をめぐり、甘利氏側が都市再生機構（ＵＲ）に不正な口利きをした事実はなかったと判断し、嫌疑不十分で甘利氏と公設秘書二名を不起訴処分にしてしまいました。私たちは、事件を検察審査会へと持ち込みました。

東京第四検察審査会は二〇一六年七月二九日、甘利氏を「不起訴相当」と議決したことを明らかにしました。元秘書二人は一部を「不起訴不当」とされました。議決では元秘書の行為を「請託を受けて、斡旋したことの報酬、謝礼として現金供与が行われたとみるのが自然だ」と指摘し、公設秘書については再捜査の必要があると結論づけたのです。しかし、甘利氏については「元秘書と共謀していたことを認め得る証拠はない」とされ、不起訴は相当とされてしまいました。秘書と共謀していないということは、考えられない言い訳ですが、これが通ってしまったのです。起訴に持ち込むという成果は得られませんでしたが、世論喚起にはつながり、選挙民の甘利氏に対する厳しい見方に影響を与えたと思います。

三・一一原発事故の失敗から正しく学ぶ賢さを持ち合わせているかが問われている

＝

以下の文章は、事務所新聞の二〇一二年の新年のあいさつです。

進まぬ復興、拡散する放射能汚染。先行きが見えない不安が漂うなかで新しい年を迎えたように思います。

東日本大震災と福島第一原発事故が私たちに投げかけたメッセージ＝それは、政治、行政、そして司法においても、旧来のありようを抜本的に見直せということではないでしょうか。

大災害は、多くの教訓を残しました。「原発安全神話」は崩れ、原発依存から脱原発への始動が始まっていますが、失敗から正しく学ぶ賢さを持ち合わせているかが問われていると思います。

どうしたら、明日に希望の持てるこの国を築くことができるか、どうしたらまじめに働く人々が普通の暮らしができる社会をつくることができるか。三・一一という試練を経て迎えた今年、皆さんとともに真剣に考えていきたいと思います。

昨年はつらい年でした。本年が安らぎの年になることを願わずにはおれません。

＝

これは、とても短い文章ですが、三・一一の衝撃の冷めやらぬ、翌年の正月を迎える時期に書かれたもので、内容は明快です。そして、宮里先生が原子力の問題に触れてみずからの意見を述べた、とても珍しい文章です。

宮里先生の半生は総評労働運動とともにありました。社会党・原水禁は、核と人類は共存できないという考えに立脚していました。そして、一九七〇—八〇年代の反原発運動の中心は総評・社会党・原水禁でした。そして、一九八〇年代に原発新設を阻止するために全国で闘われた公開ヒアリング阻止の闘いの場には、農民・漁民とともに、いつも労働組合の旗がはためいていました。その主力は言うまでもなく、国労と動労、自治労、日教組、全逓、全電通でした。いま原発現地で脱原発の活動を続けている方々の中には、この闘いに参加された方をたくさん見つけることができます。

中曽根氏は一九八七年の国鉄の分割民営化時に「国鉄分割・民営化をやり、総評をつぶし、社会党を解体し、新しい憲法を床の間に飾る」と述べたといわれます。なぜ、総評をつぶさなければならなかったのでしょうか。総評が国民春闘として官民の共同の労働争議を通じて一九七〇年代には産業規模での賃上げが実現してきたことへの反作用という面が確実にあると思います。ただ、それに加えて、確信犯的改憲論者であり、原発推進論者でもあった中曽根氏にとって、総評・社会党による憲法擁護と原発反対の闘いを解体したいという意図もあったのではないでしょうか。

宮里先生はいつも私（海渡）が取り組んでいた原発反対の訴訟を応援してくれました。その応援がどんなに大きな心の支えとなったか、わかりません。ことし、事故から一二年目の春、岸田政権は福島原発事故の失敗から正しく学ばず、愚かにも、原発の再稼働推進だけでなく、安倍・菅政権

宮里弁護士と海渡雄一弁護士（1999年10月5日、事務所旅行中の山梨県湯村温泉で）

も封印してきた、新増設、新型炉の開発にまで踏み込み、原子力推進を国是とする原発ＧＸ法を成立させました。

だからこそ、福島原発事故の翌年二〇一二年の新年のこの短いあいさつに込められた宮里先生の思いに、私は胸が熱くなります。そして、明日からも、正しく三・一一の失敗に学んで、脱原発を求め、たゆまず歩み続けたいと思います。

第四章

藤沢周平の洒脱を愛し川柳を自作する〈文学編〉

夏の海　ヨットが浮かび　進みゆく

——多感な少年時代の傑作俳句

宮里先生は、一九九六年の事務所ニュースに次のような短文を寄せている。

これは少年が初めて作った俳句である。俳句の名に値しない十七文字であるが、少年にとっては、海の青さと白い帆のコントラストを鮮やかに描いた、印象派のモネーの絵を見るような傑作であった。

少年が初めて俳句という表現様式を知ったのは小学校四年生の夏である。教育実習に来ていた若い美しい先生は、芭蕉や一茶の句を黒板に書き、「皆んなもつくってごらん」といい、句作の宿題を課した。

少年のつくったいくつかの句作の中から、先生はいい句として、「夏の海」の句を選び、皆んなの前で詠んだ。

先生にほのかな想いを抱き始めていた少年は、それから毎日のように、ノートに五七五の言の葉を連ねた。先生に見せ、ほめられたい一心からである。

少年は句作の楽しさに魅せられたのではなく、たぶんその先生に魅せられたのである。

やがて、短い教育実習が終り、先生は教壇を去っていった。

宮古島、砂山ビーチ

少年の小さい胸には甘酸っぱい別れの寂しさがひろがった。少年はいつしか、あれほど熱心であった句作をやめるようになった。（略）あの時の句作への情熱を持続していたら長じて少年は俳人として名を成していたかもしれない――とかつての少年はいま思ってみたりする。

でも、夏の海の句は、多感な少年時代を過ごした彼にとっては忘れ得ぬ傑作であることには違いない。

宮里先生の川柳好きの原点が、小学校四年生の少年の教育実習生に対するあこがれにあったことがわかります。そして、確かにこの俳句には季節感、色彩感、そして躍動感もあり、若き教育実習生がこれを選び出しただけのことはある、なかなかの傑作だと思います。

家庭の事情から止み難い勉学への欲求を諦めていく青年の告白小説

ともいうべきものであるが、中学二年で母を亡くし、喘息で苦しむ父の姿と三人の弟をみていると、「自分もそうなるかもしれない」と身につまされる思いであった。

――わが青春の一冊は有島武郎の「生まれ出ずる悩み」

宮里先生は無類の本好きでした。その宮里先生が「青春の一冊」として選んだのは有島武郎の『生まれ出ずる悩み』でした。意外な感もありますが、まずは感想を読んでみましょう。

人生それぞれの時期にさまざまな本との出会いがあるが、もっとも感激的な本との出会いは青春時代のそれであろう。(略)

私の「青春の一冊」とはなんだろうかと考えてみる。おそらく、有島武郎の「生まれ出ずる悩み」をあげることになるだろう。

高校一年の夏休みに、町の図書館にあった日本文学全集を読破してやろうと一大決心をし、夏休みの間毎日のように、借り出して読みふけったことがあった。夏目漱石、森鴎外、志賀直哉、横光利一、谷崎潤一郎、ともかく分かっても分からなくても読みに読んだ。(略)

多くの作家のなかで惹かれたのは有島武郎、武者小路実篤らのいわゆる白樺派の人たちであった。

武者小路の「友情」にも感激したが、有島の「生まれ出ずる悩み」を読んだ時には胸がふるえ、涙したことをいまだに忘れない。

家庭の事情から止み難い勉学への欲求を諦めていく青年の告白小説ともいうべきものであるが、中学二年で母を亡くし、喘息で苦しむ父の姿と三人の弟をみていると、「自分もそうなるかもしれない」と身につまされる思いであった。今想うと、安っぽいヒロイズムのような気がしてなんとなく顔を赤くしてしまうのだが、当時は真剣であった。

暑い夏の盛りに読み、それからふたたび読むことのなかった小説であるが、「生まれ出ずる悩み」は、私の人生のある時期において、わが身とかかわって、文字どおり涙して読んだ本である。(「東京共同法律事務所ニュース」一九九五年二六号より抜粋)

宮里先生が青春のひと時、涙して読んだ「生まれ出ずる悩み」とはどんな本なのでしょうか。やはり読んでみるしかありません。この本は、有島武郎が、一九一八年に大阪毎日新聞・東京日日新聞に一部を連載しましたが、作者の病気のため中絶し、その後加筆改稿して完成させた作品です。あらすじはこんな感じです。

「みずからの文学の仕事を神聖なものにしようともがいていた「私」は、さびしさのあまり「君」のことを思い起こす。かつて自らの北の自然を描いた絵を持ち込んできて、妙に力強い印象を「私」に残し姿を消してしまった「君」は、十年後に、スケッチ帳と手紙を送ってきた。がっしりとした体格の漁師に成長した「君」は「私」を訪ね再会する。そして、姿を消してからの、漁師一家が、鰊の不漁などで衰退していく生活と芸術を続けられない悩みを語る。翌朝すぐに「君」は帰っていく。「君」の話した内容と手紙をたよりに、「私」は「君」の生活とその苦悩を想像して、この文学作品を書いてゆく。」

「君」にはモデルがあり、実際に北海道の岩内で画家となった木田金次郎氏だとされます。この作品で、有島が述べたかったことは最終章の次の一節に示されていると思います。

「君が一人の漁夫として一生をすごすのがいいのか、一人の芸術家として終身働くのがいいのか、僕は知らない。それを軽々しく言うのはあまりに恐ろしい事だ。それは神から直接君に示されなければならない。僕はその時が君の上に一刻も早く来るのを祈るばかりだ。そして僕は、同時に、この地球の上のそこここに君と同じ疑いと悩みとを持って苦しんでいる人々の上に、最上の道が開けよかしと祈るものだ。このせつなる祈りの心は、君の身の上を知るようになってから、僕の心の中にことに激しく強まった。」

先の文章にも書かれているように、宮里先生は、中学二年で母を亡くし、喘息で苦しむ父の姿と三人の弟をみていると、自分もそうなるかもしれないと身につまされる思いであったといわれています。宮里先生のご実家は貧しいとはいえません。しかし、その時期の家庭の事情で学業を断念しなければならないかもしれないと考えられたことは間違いないでしょう。沖縄政府の国費留学制度があり、国立大学の授業料がとても安かったからこそ、宮里先生は法律家になることができたのです。

宮里先生が弁護士となった時代、法律家になるには、法学部で学び、司法試験を受験し、合格後司法修習を受けることになっていました。毎年の合格者数は五〇〇人程度、合格率は数パーセントの難関でしたが、広く門戸は開かれていました。司法修習期間は二年でしたが、司法修習生には、国家公務員の初任給並みの給与が支払われていました。

司法制度の改革によって、実務に即した法学教育を充実させる目的で法科大学院制度が導入されましたが、最大の問題点は、法律家になるためのリードタイムが法学部・法科大学院・司法試験・司法修習を通算すると七〜八年かかることです。また、法科大学院の学費負担が重すぎ、学部時代も含めると、その奨学金の総額は一〇〇〇万円を超えることも稀ではありません。当初は司法修習生に対する給費制も打ち切られました。日弁連の反対で、不完全ですが復活しています。

このような制度の下で、裕福な家庭の出身者でないと法律家をめざすことができなくなり、また、法科大学院に行っても司法試験の合格率は二〇パーセント程度でしたので、法律家になれない人が続出しました。しかも合格者数を一時は二二〇〇人程度にまで激増させたため、司法修習を終えても、法律事務所に就職できない人が続出しました。弁護士総体でも、一人当たりの弁護士の収入は、今回の改革の前と比較してかなり落ち込んでいるようです。

他方で、時間的、経済的に法科大学院に通えない人向けに司法試験の受験資格を得るための「司法試験予備試験」という制度が設けられ、合格率約四％の難関ですが、合格後の司法試験合格率は六〇％を超えています。難関校と呼ばれる大学を中心に、在学中にこの「予備試験」ルートを使って司法試験に合格する学生も増えています。現在法科大学院は約三五校へと半減し、二二年の司法試験合格者は一四〇三人、制度改正の直前と変わらない水準に戻った格好です。

法律家の数を増やしたことで、過疎地で働く弁護士が増え、国選弁護や生活困窮者の支援のために働く弁護士が増えたのは事実です。しかし、今の法曹養成制度のもとで、裕福な家庭の子弟でなければ法律家を目指すことができなくなっていないか、貧しい家庭に生まれたがゆえに、法律家となり社会の矛盾を解決したいという夢を断念している有為の青年がいるのではないか、宮里先生の一文を読み、そんな疑問が頭を離れません。

資本は社会から強制されることのない限り、労働者の健康や寿命について顧慮するものではない。

――マルクス『資本論』第一巻より

宮里先生がマルクスについて語った文章は少ないです。ネタ・ノートの中に、こんな言葉が四角に囲まれて記載されていました。過労死のことなどについて講演する際に引用しようとして書き留めたものでしょう。気になり、原典を探してみました。マルクスのこのことばは、資本の性格付けについて述べている次のような段落の中に含まれていました。

どんな株式投機の場合でも、いつかは雷が落ちるにちがいないということは、だれでも知っているのであるが、しかし、だれもが望んでいるのは、自分が黄金の雨を受けとめて安全な所に運んでから雷が隣人の頭に落ちるということである。われ亡きあとに洪水はきたれ！[Apres moi le deluge!]これが、すべての資本家、すべての資本家国の標語なのである。だから、資本は、労働者の健康や寿命には、社会によって顧慮を強制されないかぎり、顧慮を払わないのである。肉体的および精神的な萎縮や早死にや過度労働の責め苦についての苦情にたいしては、資本は次のように答える。この苦しみはわれわれの楽しみ（利潤）を増やすのに、どうしてそれがわれわれを苦しめるというのか？と。しかし、一般的に言って、これもまた個々の資本家の意志の善悪によることではない。自由競争が資本主義的生産の内在的な諸法則を個々の資本家にたいしては外的な強制法則として作用させるのである」

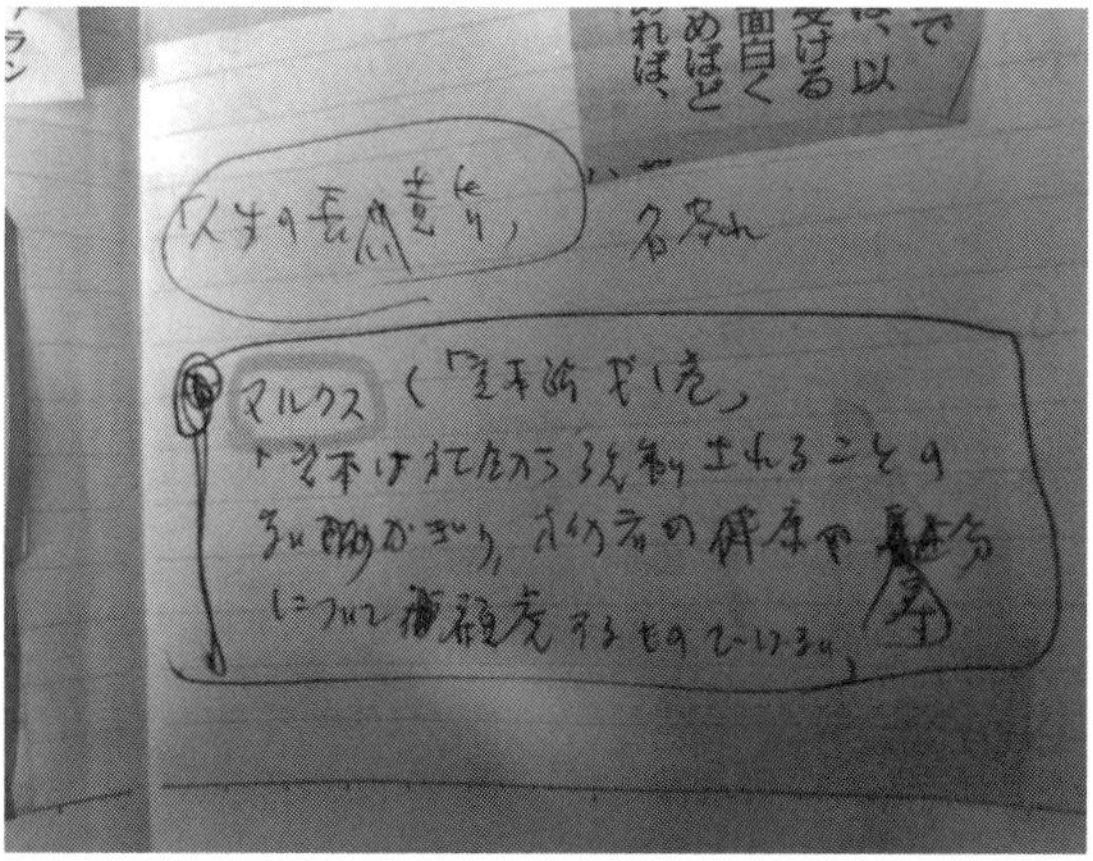

（マルクス・エンゲルス全集二三巻a、大月書店、三五二頁）

　宮里先生は資本主義とは、放任すれば、このような残酷な悲劇を平気で引き起こす性格を生来的に帯びていると考え、これを労働法規などを通じて規制することを生涯の課題としたのです。

歴史に学べ

宮里先生のネタ本にはこんな名言を書いた新聞記事が切り抜かれていました。

イギリス首相　W・チャーチル　「歴史から教訓を学ばぬ者は、過ちを繰り返して亡びる」
ドイツ宰相　O・ビスマルク　「愚者は経験に学び、賢者は歴史に学ぶ」
前漢博士　賈誼〈かぎ〉「前車の覆るを後車の諫めと成す」（「漢書」賈誼伝）
日本首相　吉田茂　「歴史に学べ。それにより人の行動が読める。何が変って、何が変わっていないかがわかる。」「歴史に学ぶことは歴史の意味、因果を正確に知り、それを現代に活かすこと。歴史を丸暗記することとは全く異なる。」

ビスマルクが赤のボールペン枠で囲われ、賈誼のことばにピンクのマーカーが記されています。

二一世紀を迎えた年、二〇〇一年の事務所新聞新年号（三八号）の「新世紀を迎えて」特集にも、宮里先生はこんなことを書いています。

明けましておめでとうございます。二〇世紀から二一世紀へ－新しい世紀は私たちにとってどんな時代になるのでしょうか。

時代の変化のテンポの早さには驚くばかりです。ＩＴ革命と声高に叫ばれると、ＩＴを使いこなせない私としては、この時代から置き去りにされるのではないか、とつい不安になってしまいます。デジタルよりアナログに親しみを抱く身としては、せめてアナクロにならないようにしたいと思うのみです。

歴史は形を変えてくり返しの糸を紡いでいるように思えます。果たして、歴史に進歩というものがあるのでしょうか。

ロンドン・ハイゲート墓地のマルクスの墓で
（右が宮里先生）

ある歴史学者は、歴史とは過去と現在の対話であると言いましたが、過去と現在の谷に橋を架け、両岸に目を配り、未来のあり方を考える、そんな二一世紀の出発でありたいものです。

アナログとアナクロはお得意のダジャレですね。宮里先生は、歴史の本をよく読みました。そして、そのハイライトを講演でも引用しました。まさに、「歴史に学ぶ」ことを、弁護士活

動の中でも実践した人でありました。

藤沢の名文には、しばし頁をおいて、ため息をつきたくなることがある。

――わが愛する作家・藤沢周平

宮里先生が愛した作家は藤沢周平でした。藤沢周平の描く哀歓あふれる世界と宮里先生の人情味溢れる性格がマッチして、心惹かれておられたのだと思います。事務所に残されていた、藤沢周平賛歌の文章を二つ紹介します。

作家の藤沢周平が亡くなった。私の大好きな作家である。市井の人の哀歓や人情をあたたかく描くその小説世界には心が洗われるような気がする。

それに、俳句をつないでいくような余韻嫋嫋の文章にも魅せられる。新作がこれから読めないと思うと寂しい。これまで読んできたいくつかの作品もまた読んでみたい。一人旅の車中で読むのが一番いい。（共同通信一九九六年四月一九日）

いつ頃からか、藤沢周平はわが愛する作家となった。没して六年余、藤沢の新刊小説を読む喜びは失ったものの、出張の折り、車中で読むためカバンにしのばせる文庫本は今でも藤沢のものが圧倒的に多い。

昨年日本アカデミー賞を総なめにした山田洋次監督の映画「たそがれ清兵衛」を観た人は藤沢の原作を読みたいと思ったのではないだろうか。

尾道・宮島への事務所旅行にて角尾隆信弁護士と（1970年代）

藤沢が自分のふるさと、鶴岡の、江戸期の風景をイメージして創りあげた北国の小藩「海坂藩」を舞台にくりひろげられる作品世界は実に多彩で豊穣だ。
最高傑作と評する人の多い「蟬しぐれ」のしみじみとした情感と移ろう自然描写の見事さ、国許を出奔して江戸市中の裏窓で浪人暮らしをする「用心棒日月抄」シリーズにみる快活と品のいいユーモア、深い人間洞察と不公正な社会への怒りを描く「獄医立花登平控え」シリーズなど、どれをとっても藤沢作品には尽きない魅力があふれている。
藤沢の名文には、しばし頁をおいて、ため息をつきたくなることがある。
評論家で名文を書く丸谷才一が、藤沢は明治・大正・昭和の三代の時代小説を通じて並ぶ者のない文章の名手であると評したが、書き出しから藤沢の作品世界に引き込まれていく。藤沢は作家として世に認められたのが四六歳と遅かったが、亡くなるまでに残した作品の数は、短編・長編あわせて一九〇余あるという。藤沢作品を読める楽しみはまだまだ残っている。（「東京共同法律事務所ニュース」四三号、二〇〇三年）

きっちり足に合った靴さえあれば、じぶんはどこまでも歩いて行けるはずだ

――須賀敦子『ユルスナールの靴』より

この言葉が宮里先生のネタノートに自筆で書かれていました。ポストトゥルースなどという言葉と一緒に記載されていますから二〇一六年頃の書き込みです。これは、須賀敦子の『ユルスナールの靴』の冒頭からの引用です。

この続きは「そう心のどこかで思いつづけ、完璧な靴に出会わなかった不幸をかこちながら、私はこれまで生きてきたような気がする。行きたいところ、行くべきところぜんぶにじぶんが行っていないのは、あるいは行くのをあきらめたのは、すべて、自分の足にぴったりな靴をもたなかったせいなのだ、と。」となっています。

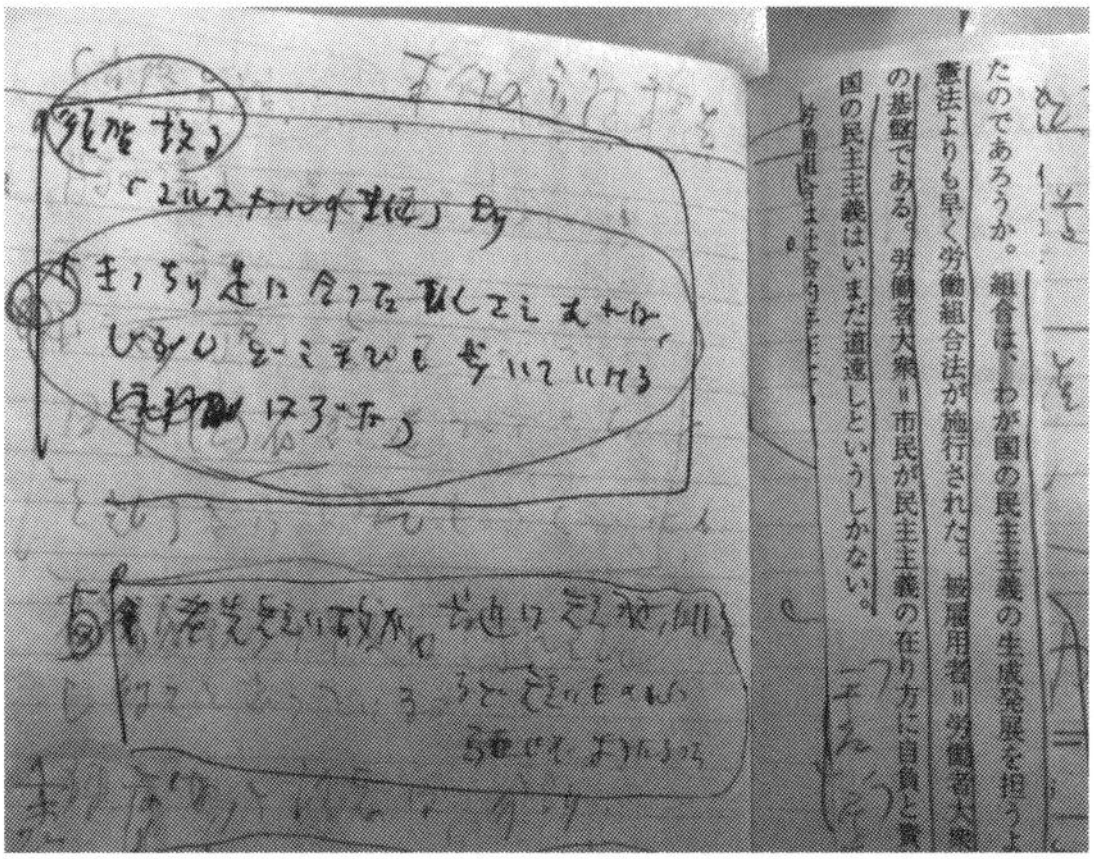

宮里先生がどんな気持ちで、この言葉を、ノートに記したのか、それを考えるために、この本を買い求めて読んでみました。

須賀敦子さんは一九二八年に兵庫県芦屋市に生まれ、聖心女子大学文学部を卒業されました（第一期生で同期に緒方貞子氏がおられます）。戦時には航空部品製造のために軍事動員された経験もあります。一九五三年から二年間政府援助留学生としてフランスのパリ大学にまなびました。いったん帰国されますが、一九五八年二九歳からの一三年をイタリアで過ごされました。一九六一年に、カトリック左派の拠点であった「コルシア・ディ・セルヴィ書店」で同僚として知り合ったジュゼッペ・リッカという貧しい鉄道員の息子と結婚し、夫のすすめで夏目漱石や谷崎潤一郎をはじめとする日本文学のイタリア語訳を多数出版されました。六年後に夫が急逝され、一九七一年にはイタリアから帰国されます。その後、慶応大学における語学の非常勤講師として働き始め、学術の世界で仕事を続け、上智大学の比較文化学部教授を務められました。そして、五六歳からイタリアでの体験をもとにした文筆活動を開始し、多くのエッセイ作品を残されましたが、一九九八年に六九歳の若さで亡くなられました。デビュー作と言っていい一九九一年『ミラノ 霧の風景』(白水社)で女流文学賞、講談社エッセイ賞を受賞されています。『ユルスナールの靴』は須賀氏の晩年の代表作ともいうべき作品で、雑誌『文藝』に二年半にわたって連載され、単行本にまとめられました。

この本の中で、須賀氏は、フランスの作家ユルスナールの伝記的事実、さらにはユルスナールの作品中の人物であるローマ帝国のハドリアヌス帝(『ハドリアヌス帝の回想』)や、イタリアの画家ピラネージ(『ピラネージの黒い脳髄』)、小説『黒の過程』の創作上の登場人物であるキリスト教再洗礼派の異端者ゼノンらの精神の遍歴を語りながら、それと縒り合わせるようにして自らの人生を語っていきます。ピラネージについて書かれた「黒い廃墟」の章には次のような言葉がありました。

「《幻想の牢獄》が忘れられない印象を私たちのなかに刻みつけるのは、ピラネージが罪人を幽閉する牢獄を描いているにもかかわらず、それが同時に、罪人たちだけでなく、私たちすべてがこれまでに犯した、あるいはこれから犯すかもしれない犯罪の、秘められた内面の地図であるかのように見えるからではないだろうか」

須賀さんは、キリスト教の信仰を軸にヨーロッパ近代に正面から対峙された知識人だったといえるでしょう。

この本で須賀さんが主題とされたユルスナールはフランスを代表する女性作家です。一九〇三年にベルギーで生まれ、一九八七年に八四歳で亡くなっています。一九八一年にはアカデミー・フランセーズの最初の女性会員に選ばれています。ユルスナールは「私にとってのすばらしい歳月、それは旅あるいは野営や前哨地で過ごした日々であった」とも書いています。この本には、一九八二年のユルスナールの旅程が掲載されていますが、そこには、世界各国への旅とともに、日本滞在の経過も記されています。松島、中尊寺、日本アルプス、伊勢神宮、歌舞伎観劇、富士山、京都、奈良、宮島と日本の重要な観光地を総なめにしている行程に驚きます。

ユルスナールの生涯のパートナーは、アメリカ人女性のグレース・フリック、一九七九年にグレースが亡くなった後は、青年ジェリー・ウィルソンと共に暮らしたといいます。自由を絵に画いたような人生だったといえるでしょう。

難病を発症するまで、ほとんど病気知らずであった宮里先生は、コロナ禍のなかで、人と交わる機会が減り、眩暈がすると変調を訴えられるようになりました。この書き込みのとなりにも、「老い先短い故か、最近は短歌、俳句など短いものに馴じむようになった」という言葉があり、私たちには見せなかった弱音が吐露されています。眩暈が始まったのはそのころからかもしれませんが、二〇二一年末頃には徐々に事務所に出勤することが難しくなっていきました。そして、二〇二二年の年初にご自宅にお見舞いに伺った時には、まだお元気で、何でも話してくださいましたが、病状の進展は早く、三月下旬には、高齢者施設に入所され、五月上旬には施設で面会もできたのですが、その後は事務所員もお見舞いに行くことができませんでした。お見舞いに行こうとしていた猿田佐世弁護士に六月三日に電話があり、「とても会いたいのだが、こうして声を出すのも辛い。日々どんどん悪くなっていく一方である。今もベッドに横になりながら、なんとか声を出している。会うのは難しい。とても残念だが。」との電話があり、ご家族以外は会えなくなってしまったのでした。

宮里先生は、まだまだ労働事件の第一線で働き続けたかったと思います。ワークルールを若者に説くための講演旅行で全国を駆けまわりたかったに違いありません。「きっちり足に合った靴」を履いて、どこまでも歩いて行きたいと考え、この言葉をノートに書き付けたのではないでしょうか。そう考えるとこの書き込みには、身体の自由が利かなくなっていく悔しさ、自由に活動できることを願う万感の思いが込められているように感じられてなりません。

近況は老境にして、これ加齢なる日々

ネタノートにはおびただしい、川柳が記されていました。一部をご紹介します。自らと妻の老境を見つめた作品が多く残されています。

格差より段差が気になる年になり

オレよりもスマホが頼り今の妻

死にそうとメールしたのに了解と
「あれ、それ」と我が家で飛び交う代言詞
忖度が支える夫婦耳遠し
わびさびを醸《かも》し出してるシミとシワ
モダンねと言われた妻は今レトロ
起つべきか起たざるべきかそれが問題
譲られて誰のことかと隣みる
忘れ物忘れたものをまた忘れ
若き日の自分に還る同窓会
二人して一人前の老老生活
誕生日ローソク吹いて立ちくらみ
証明は要りませんとは不愉快だ

ご夫妻で（2000年4月16日）

第五章

クラウディア・カルディナーレとモーツァアルト、そしてスワローズ〈映画・音楽・野球編〉

BBより断然CC派

宮里先生は東大教養学部の「駒場時代のわが大いなる楽しみは、映画と名曲喫茶であった。」と同窓会誌に書いています。実は、宮古島時代から映画館に通い詰める映画少年でもありました。

観た映画は、渋谷がもっとも多く、下宿から歩いて行ける下北沢の二つの映画館にもよく出かけた。観た映画は、洋画中心で、アメリカ映画、フランス映画、イタリア映画、ドイツ映画など各国の映画が盛んに上映されていて、ほんとうにいい映画がたくさんあった。

もっとも、当時封切館（ロードショー、渋谷は「渋谷パンテオン」）は高価で観れず、たしか数ヶ月ぐらい経つと安くしかも二本立興行が行われていたのでそれを待った。」「館内はいつも満員で立見も珍しいことではなかった。

『鉄道員』のクラウデイア・カルディナーレは最も心ときめかせた（?）イタリアの女優である。当時CC（クラウデイア・カルディナーレをそういった）はフランス女優のBB（ブリジッド・バルドー）と人気を二分する女優で、私は断然CC派であった。（東京大学教養学部文科一類昭和三三年入学三Bクラス『入学五十周年記念文集』より抜粋）

＝宮里先生は事務所新聞にも、ＣＣ賛歌を書いています。

『刑事』（イタリア映画）もラストシーンが実に鮮やかだ。手錠をはめられて車で警察に連行される若い男、はだしで車に追いすがる若い女。二人の恋を引き裂くように走り出し、次第にスピードをあげ女から遠ざかる車、テーマ音楽『アモーレ・ミヨ』のヴォリューームが次第に高くなって……。胸をしめつけられるようなラストシーンであった。

観たのは大学生時代の一九五九（昭和三四）年頃。いわゆる名画の部類に入らない映画であろうが、青春時代に感激した大好きな映画のひとつである。

あの名作『鉄道員』で機関士役を演じたピエトロ・ジェルミ監督が二人の恋を見守り、そして心ならずも二人の仲を引き裂く渋い刑事役を演じている。クラウディア・カルディナーレ（ＣＣ）の可愛く情熱的なヒロインが魅力いっぱい。カルディナーレの映画は当時何本かみたが、『刑事』が一番印象に残っている。

イタリアの女優というと、ソフィア・ローレンとかジナ・ロロブリジタとか圧倒されそうな大型が多いが、ＣＣはそうではなかった。ドイツのロミー・シュナイダーなどとともに大好きな女優であった。映画の主題歌「アモーレ・ミヨ（死ぬほど愛して）」も流行った。当時よく口ずさんでいたのであろう。今でもメロディーは覚えている。（「東京共同法律事務所ニュース」一三号、一九八八年夏より抜粋）＝

「刑事」は、未見の映画でしたが、宮里先生が繰り返しほめているのを再発見して、この語録作成のためにあらためて、ブルーレイを購入して鑑賞してみました。重厚な中にもユーモアとペーソスのある、イタリア・レアリズモそのものの警察映画でした。

監督は、人はみな罪深い生き物であり、刑事犯罪の真実を明らかにする警察官の仕事には救いのない苦渋が伴うということを描きたかったのだろうと思います。この映画の監督は刑事イングラバロを演じているピエトロ・ジェルミ本人です。愛人がいて、夫婦仲が冷え切ったブルジョワのバンドウ。そのバンドウ夫人リリアナ（エレオノーラ・ロッシ・ドラゴ）が何者かによって殺害されます。CCが演ずるアスンティナは、リリアナの家政婦です。同じマンションでは一週間前に窃盗が起きたばかりです。警察は疑いがかけられた旅行中のバンドウに電話で夫人の殺害を知らせ、自宅に戻るまで尾行してその行動を監視します。リリアナの葬儀の場面を秘密に八ミリで撮影して、疑いのある人物の行動や表情について、たくさんの捜査官が討議するシーンなど、こうやって捜査をするものなのだなと感心しました。

死の直前に書き換えられていたリリアナの遺言では夫への遺産贈与はなく、アスンティナを含む四人の家政婦たちと教会と孤児院へすべての遺産が送られることになっていて、ますます夫が強く疑われることになります。

被害者リリアナの周りにいた人物たち、夫のバンドウ、そのいとこであり、殺害の第一発見者であり、被害者の相談相手となっていたとされる整形外科医のヴァルダレナ（フランコ・ファブリッツィ）、夫とその医師の二人を愛人にしている家政婦バージニア（CCではなく、クリスティナ・ガイオニという女優が演じています）など、すべての人物が疑わしく、その秘密があきらかにされていきます。

意外な事件の結末は書かないでおきましょう。やはりＣＣの可憐で情感のこもった演技が最高で、宮里先生はさすがに見る目があると感じました。宮里先生の生きておられるうちに、この映画を見て、感想を語り合いたかったなあと、あらためて残念に思います。

連帯はなぜ必要なのかを問う労働映画『サンドラの週末』

宮里先生は無類の映画好きでした。以下は労働映画『サンドラの週末』（二〇一五年、ベルギー・仏・伊、ダルデンヌ兄弟監督）の映画評です。映画好きの労働弁護士らしい映画評になっています。


最近、「労働組合の存在意義と役割」というテーマで講演を頼まれる機会がある。個人主義的性向が強まり、労働組合の組織率一七％（過去最低値を更新）という状況下で、労働者の連帯組織としての労働組合の存在意義が薄れつつある。

労働基本権保障の意義を説き、労働組合の持つ様々な法的権利について話しているが、説得力があるだろうか、連帯は何故必要なのか、連帯するとはどういうことなのか、連帯をいかに生み出し、強めていくのかと自問自答している。

ソーラーパネル工場で働く主人公サンドラは、うつ病も癒え、職場復帰しようとしていた矢先に、突然解雇を告げられる。ただし、社員一六人の過半数の賛成を得たなら復帰を認める、その場合は全員にボーナスは支給されないというのが復帰条件。

絶望しながらも、サンドラは夫と共に同僚の家を一軒一軒訪ね歩き、自分の復帰に賛成してくれるよう説得する。

同僚たちの対応は様々だ。涙を流してボーナスを諦めて彼女の復帰に賛成する者、家庭の窮状を訴え、生活のためどうしてもボーナスは欲しいという者、仲が良かったはずなのに居留守を使う者、働く仲間を取るか、ボーナスを取るか、同僚も厳しい選択を迫られる。

カメラは同僚たちを必死で説得して回るサンドラの長い週末を追いかけ、サンドラに寄り添って息詰まる展開を写し出す。車の助手席で首をうなだれて疲労困憊する姿など、時にサンドラの表情を残酷にアップする。

果たして、サンドラは職場復帰できるのか、週明けの月曜日、運命の賛否の投票が行われた。さて、その結末は……。

この映画では働く者の連帯とは何かが問われているが、連帯心を持っていないからといって、悪い人という描き方は決してしていない。「ボーナスを諦めることができない」と相手が言ったら、サンドラは「わかるわ」という。団結のイデオロギーあるいは政治的メッセージという視点から描いていないから、かえってリアリティがあり、連帯の難しさと必要性がより説得的に描かれている。(『季刊

労働者の権利』連載企画「労働映画百選」より要約）

宮里先生はモーツァルトの音楽をこよなく愛されました。メンデルスゾーンが好きといわれたこともありましたが、晩年はモーツァルトを聞き続けられました。

モーツァルトを聴く

朝目覚めると、ＮＨＫ-ＦＭ放送の「朝のバロック」という番組を聴く習慣になっている。ラジオから流れてくるバッハ、ヘンデル、ヴィヴァルディ、コレルリ、アルビノーニなどのバロックの調べは、私を眠りから目覚めへ、と誘ってくれる。

調べものをしたり、原稿を書いたりする時、クラシックのＣＤは欠かせない存在になってしまった。音楽のもつ癒しの効果ということが最近よく言われているが、たしかに疲れを感じた時には、音楽を聴きたいという渇望が生じてくる。

私にとっての癒しの音楽は、モーツァルトのピアノ曲である。よく聴いているのは、ピアノ協奏曲二〇番、二三番、二四番で、何度聴いても飽きることがない。とくに、二〇番、二三番の第二楽章を聴いていると、ほんとうに癒された気分になる。

流麗な趣きはたとえようもない。飾りのない簡素で上品で、涙とため息の出るような美しさ。心に深く静かにしみいるような音色といったらいいだろうか。

音楽を言葉で表わすことはむつかしいが、素晴らしい、美しいとしかいいようがない。単純な音譜を組み合わせたかのように思えるこの曲が、どうして一度聴いたら忘れられないような人の心をとりこにするのだろうか、とつくづく思う。（「東京共同法律事務所ニュース」四一号、二〇〇二年より）

そして、モーツァルト好きが嵩じて、その宿敵サリエーリにも興味を示し、水谷彰良氏の『サリエーリ　モーツァルトに消された宮廷楽長』（音楽之友社）を読み、そのオペラを見てみたいという文章まで残されています。

一九八四年のミロス・フォアマン監督の映画『アマデウス』を観て以来、アントニオ・サリエーリは気になる作曲家であった。曲は聴いたことがないのに、モーツァルトの才能に嫉妬し、毒を盛ったとする犯人に仕立てあげられたサリエーリとはどんな作曲家であったのか。

本書は、孤児から宮廷楽長にのぼりつめ、ベートーベン、シューベルト、リストなどを育てた一八世紀ウィーンの大作曲家サリエーリの本邦初の評伝である。

絢爛たる才能ひしめく一八世紀ウィーンの音楽界を活写し、知られざる偉大な作曲家の誕生から死までを描く本書はモーツァルトファンのみならず、クラシックのファンには興味あふれる内容に満ちている。

「モーツァルト毒殺疑惑に汚された最晩年と死」の章で、著者は、「無実のサリエーリがなぜ殺人犯に仕立てられたのか？」として根拠のない毒殺疑惑がなぜ広がったかを検証している。映画「アマデウス」によって私もサリエーリという作曲家の存在を知った。彼は決して神に愛でられた天才モーツァルトの才能に嫉妬したのみの凡庸な作曲家ではなかった。本書により、サリエーリが多くのオペラを作曲していることを知った。サリエーリ・オペラが復活して上演される例が増えているという。本書を読んで私も、サリエーリのオペラを観たくなった。（「東京共同法律事務所ニュース」四五号、二〇〇四年）

わがレクイエム

宮里先生は、司法修習一九期同窓誌『いしずえ』の五三号に、「わがレクイエム」という文章を残されていました。モーツァルト、ベルディ、ベルリオーズ、フォーレのレクイエムを聴き較べ、その感想を記しています。そして、最も有名なモーツァルトもよいが、澄み切った音色のフォーレに心惹かれると書かれています。宮里先生を偲ぶ会では、このような遺言に従い、モーツァルトとフォーレのレクイエムの演奏をお願いすることにいたしました。

久世光彦のエッセイ集に「マイ・ラスト・ソング」というのがある（文春文庫）。「あなたは最後に何を聴きたいか」というサブタイトルがついており、「港が見える丘」「As Time Goes By」など二五曲が臨終の際に聴きたい歌としてあげられている。

人生の黄昏を迎えたせいであろうか、最近よくレクイエム（鎮魂曲）を聴く。モーツァルト、ベルディ、ベルリオーズ、フォーレのレクイエムを聴き較べる。

一番有名なのは、モーツァルトのそれである。映画「アマデウス」を観た人は覚えているだろう――覆面をした男がモーツァルトを訪ね、「レクイエム」の作曲を依頼する不気味なシーンを。もちろんモーツァルトもいいが、私はフォーレに心惹かれる。丸山真男はわがレクイエムはフォーレに決めていると何かに書いていたが、さもありなんと思う。その澄み切った美しい音色は天上へ誘ってくれるように思える。

とはいえ、もうしばらくは、現世でレクイエムの聴き較べを楽しむことになりそうである。

好きな曲というのは、それを聴くときの状況によって変わるんだよ。

日本労働弁護団　棗　一郎

「棗君、君は三大レクイエムの中でどの曲が一番好きかね？」少し気どった口調で宮里先生が私に尋ねてこられた。あれは長野県白骨温泉の湯元齋藤旅館で、露天風呂の雪見温泉に浸かって温まったあとの宴会だったか、同室で語り合っていた時だったか。宮里先生はご夫婦でよくクラシック音楽（西洋古典音楽）のコンサートに出掛けられるという話をされたので、私もクラシック音楽の鑑賞が大好きで、ＮＡＸＯＳという音楽サイトに加入して毎日パソコンで起案したり仕事をする時に聴いてるんですという会話をしているときの質問であった。

三大レクイエムとは、モーツァルトのレクイエム、フォーレのレクイエム、ヴェルディのレクイエムである。その宮里先生の問に対して私は真剣にどの曲が一番好きだろうかと自問自答しながら、「どの曲も良いところがあって選ぶのは難しいですが、やはりモーツァルトですかね。」と答えると、宮里先生はニコニコと茶目っ気のある笑顔で、「棗君、そうじゃないんだよ。好きな曲というのは、それを聴くときの状況によって変わるんだよ。」と得意げに言われた。

私は、また一本取られた！得意のトンチの質問に真面目に答えてしまった、ズルいなあと思いながらも、「ああ、発想の転換なんだな。」といささか衝撃を受けた。「一番はどれか？」という発想ではなく、「状況によって人の感情は変わるものだ」「その時々の気分によって人の感情やものの見方というのは変わるものだ」と教えられた気がした。そのあと宮里先生が何と解説されたか正確に再現できないが、「僕はね、どの曲も好きだけど、好きな曲というのは聞く時の気分によって変わるんだよ。」ヴェルディのレクイエムは激しい曲想の楽章が特徴だから、気分を奮い立たせようとする時、高揚しているときに聴く。逆に厳かな気持ちになりたいときはフォーレのレクイエムを聴きたくなると言われた。モーツァルトのレクイエムは、何と解説されたかよく覚えてないが、確か「モーツァルトのレクイエムは別格だね。自分の葬式で流してほしい曲はモーツァルトだね。」と言われたんではなかったか。「物事は一面的に見てはいけない、常に自由な発想で柔軟に見ないといけないよ。」と教えられたのだと思う。宮里先生は本当に自由な精神の人だった。

宮里先生と話していると毎回のように、新しい発見や感動があった。それは、同じ労働弁護団の大先輩の山本博先生もそうだ。だから、私はお二人の話を聞くのがとても好きだった。「平和なくして労働運動なし。この言葉から戦後日本の労働運動は始まったんだよ。」と教えられたのも宮里先生だった。私が日本労働弁護団の幹事長をやっていた頃に、安倍自民党改憲反対の憲法集会を実施した時の言葉である。私が労働弁護団の幹事長に就任した時も激励の飲み会に連れて行っていただいた。「棗君、安倍政権と対峙して闘わなければならないから、大変な時に幹事長を引き受けたと思ってるかもしれないけど、時代が君を呼んだんだよ。」と励ましていただいた。宮里先生の言葉に感動し勇気づけられ元気が出た。そのような体験をした人はたくさんいらっしゃるはずである。

宮里先生は、日本で一番労働組合の顧問を持ち、幾多の著名な労働事件を担当され、文字通り〝労働組合の守護神〟として獅子奮迅の活躍をされてこられた。間違いなく「日本一の労働弁護士」であった。このことに異を唱える労使の弁護士も労働組合の人たちもいないであろう。心の支えを失ったようで、でもあの独特の声は今も頭の中に響いている。もっと沢山のお話を聞きたかった。宮里先生、日本労働弁護団を日本の労働弁護士の、日本の労働者と労働組合の将来を見守っていてください。心よりご冥福をお祈りいたします。

宮里先生はもともと野球少年であり、そして大のスワローズファンでした。この文章を読むと国労の事件を担当する前から国鉄スワローズファンだったことがわかります。

また、後半はプロ野球の世界にはじめて労働組合が誕生した「プロ野球選手会」に声援を送る内容です。労働弁護士らしい一文です。

我が愛するプロ野球

プロ野球のテレビ観戦は、わが大いなる楽しみのひとつである。国鉄スワローズ以来のヤクルト・スワローズファンである。野球少年だった僕は、昭和三三年（一九五八年）に上京したその年、四月八日のセ・リーグ開幕試合のジャイアンツ対スワローズ戦を観るため、医学部の学生であった兄と二人で後楽園球場のレフトスタンドにいた。この試合は、長嶋がデビューし、金田投手に四つの三振を喫したプロ野球史上を飾る有名な試合である。

試合は一対〇でスワローズが勝ち、判官びいきの僕は、この時スワローズファンになることを決め、以来熱心なファンになった。弁護士となって国鉄労働組合の仕事をするようになったが、これは国鉄スワローズが縁を結んだものと固く信じている。

そのスワローズの名捕手古田が会長を務めるプロ野球選手会が史上初のストライキを打った。労働事件を手がける弁護士として、いや何よりもプロ野球ファンとして、この義挙を応援せざるを得ないではないか。

僕はストに至る経過を緊張しながら見守りつつ、ストの成功を心から願った。

選手会のストは重要な改革課題のいくつかを提起した。プロ野球機構（ＮＰＢ）側の真剣な検討が求められるが、はたして改革は実行されるか。

昨年は米大リーグのイチロー選手の新記録達成に興奮したが、わが愛するプロ野球人気に陰りが出ているのは心配である。

選手会ガンバレ！心からエールを送る。（「東京共同法律事務所ニュース」四六号、二〇〇五年より）

第六章

ラフテーは豚肉料理の王様

〈料理と酒編〉

「ラフテー」は豚肉料理の王様

宮里先生のエッセイには沖縄料理がしばしば登場します。チャンプルーが日常的に食べる好物の代表だったようですが、「最高の御馳走」はラフテーだったようです。この文章を読むとじっくりと柔らかく煮込んだラフテーのおいしい匂いが漂ってくるようです。

わがふるさと沖縄の味といえば、私は迷うことなく、ラフテーをあげる。ラフテーとは豚肉の沖縄風角煮である。沖縄の食生活は『豚に始まり豚に終わる』といわれるほど、豚肉料理が発達している。豚一頭から足の先、血や内臓に至るまで余すところなく使いこなすのが沖縄の豚料理である。

箸でちぎれるやわらかさ、まろやかでとろけるような舌ざわり—私はひそかに世界で一番美味の豚肉料理ではないかと思っている。三枚肉を泡盛を入れてトロ火で時間をかけて煮込むのだが、煮込む前に丹念にアクをとりながら茹でてあるので、油っこさをあまり感じさせない。

子供のころから、ラフテーは私にとって最高の御馳走であった。学校から帰ると台所からもれてくるラフテーの匂い—あの時の嬉しさ、幸福感。なんと夕飯の待ち遠しかったことか。(「東京共同法律事務所ニュース」二二号、一九九三年「お正月　ふるさと料理特集」より抜粋)

子どもの頃から毎日のように食べてきたが決して飽きることがない。いまもわが家の食卓に頻繁にのぼるチャンプルー

宮里先生にとって、ラフテーがとびきりのごちそうだとすれば、チャンプルーは毎日のように食べた日常生活の中の大好物ということになる。こんな、チャンプルー賛歌を事務所ニュース（ニュース三四号、一九九九年）に残している。

沖縄の代表的家庭料理といえば、まずチャンプルーということになるだろう。日本一の長寿県である沖縄料理への関心が高まっているが、豆腐や野菜などをまぜて炒めるチャンプルー料理はヘルシー料理の典型といえる。

チャンプルーとは「いろいろな材料を混ぜ合わせる」という意味で、ニガウリ（ゴーヤ）と豆腐をいっしょに炒めたのが「ゴーヤチャンプルー」、もやし（マミナー）と豆腐を炒めたのが、「マミナーチャンプルー」、キャベツ（タマナー）と豆腐を炒めたのが、「タマナーチャンプルー」、というわけである。

つくり方もいたって簡単で、油を熱した鍋に食材を入れて炒め、塩やしょうゆ、かつお節の粉など

で味つけをするだけである。

子どもの頃から毎日のように食べてきたが決して飽きることがない。いまもわが家の食卓に頻繁にのぼる。豆腐好きの私にとって、トーフを主体にさまざまな野菜とともに炒めたトウフチャンプルーは毎日食してもいい好物のおかずである。

若いヘチマ（ナベラー）と豆腐を炒めたナベラーチャンプルーというのがあるが、これについては思い出すことがある。

昭和三三年に上京し、世田谷区下北沢の近くに下宿し、学生生活を始めたが、その家の庭にヘチマが植えてあった。ヘチマコロンをつくるためであったらしい。

時々自炊をしたりしていたので、夏のある日たくさんなっているヘチマに気づき、下宿のおばさんに「ヘチマを少しもらっていいですか」と言ったところ、「どうするか」と尋ねられ、「炒めて食べるんです」と答えたら、怪訝な顔をされたことがある。ヘチマを食べるということは思いも及ばなかったのだ。たわしにするヘチマを食べるなんて、沖縄の人は野蛮だと思ったかも知れない。

暑い沖縄の夏場には、野菜類が少なく、毎日のようにゴーヤやヘチマを食べていたことを思い出す。ただこどもの頃は、ゴーヤの苦みが嫌いで、ゴーヤチャンプルーを見ると食欲を失ったものであるが、いまは数あるチャンプルーのなかでも、ゴーヤチャンプルーは好物となっている。

チャンプルーはこれからも私の食生活の中で大きなウェイトを占め続けることであろう。

忘れ得ぬ酒

宮里先生は、仲間と杯を傾けることはお好きでしたが、深酒をするようなことはありませんでした。長じてからはワインを優雅に楽しまれていました。ここに採録した文章は、生まれて初めて酒を飲んだ、宮古高校を卒業した日の、島に残る友との別れの盃について、事務所ニュースに書かれた一文です。忘れ得ぬ酒のほろ苦い話です。

父が酒を飲まなかったのでわが家には酒の臭いがなかった。正月でもそうであった。したがって、私は酒についてはてっきり奥手であるとずっと思っている。

はじめて酒を飲んだと実感したのは高校卒業の日であった。

私の高校（宮古高校）では、その頃卒業式の夜にお別れの宴会がもたれる習わしがあり、私はその席で本格的（?）に泡盛を口にした。宴席は、高校卒業後本土に進学する者、地元で就職する者などそれぞれの進路を歩む別れの場であった。東京大学に進学することになっていた私に、友人たちは、「クニオ、頑張れよ」とか、「クニオ、今度は有楽町で会おう」などといって酒をついでくれた。昭和三三年フランク永井の「有楽町で会いましょう」が流行っていたころである。

今でも、この歌を聞くと大人の仲間入りをしたような気分になって酒を酌み交わしたあの夜のことをちょっぴり思い出す。

皆んな感傷的な気分を追い払うかのように、わざと大きな声を出していた。酒の味は分らなかったが、私にとって初めての酒ともいうべき当夜の酒は、別れと分ち難く結びついて忘れ得ぬ酒である。

(「東京共同法律事務所ニュース」二四号、一九九四年お正月号より)

第七章

法と弁護士のあり方を問い続けて

「独立して仕事しようと思ったことは一度もない」

「これからもみんなと一緒に力を合わせて仕事したい」「僕は調整型の人間なんです。みんなでいることはまったく苦でない。一人でやれることは限られているでしょう。」「『一致できるところでやる』のが僕のイデオロギーなんです。」

――『法と民主主義』四四四号、二〇〇九年一二月

暖かい言葉を聞き取ったこの記事の執筆者佐藤むつみ弁護士は、宮里弁護士を「笑うとえくぼが出て可愛いのである。宮里先生の暖かくて広い人間関係は沖縄の海のようである。」と評しています。

「日残りて昏るるに未だ遠し」（藤沢周平『三屋清左ヱ門残日録』）より

――『法と民主主義』四四四号、二〇〇九年一二月

七〇歳、古稀を迎えた心境をこのように語ったという。この時から亡くなる前年まで一三年、ずっと現役でした。

法の世界においては、「する」価値が「である」価値に対して優位性をもたなければならない

以下の文章は昭和三八年（一九六三年）五月のクレジットのある「東京大学セツルメント法律相談部」の機関誌『歩む』の創刊号に掲載された宮里邦雄「法の認識と法の実践」と題した論稿からの抜粋です。

宮里が東大を卒業したのが、一九六三年ですから、司法試験に合格し、弁護士を生涯の仕事と定め、修習に進む時点での、法律との向き合い方について書かれた文章です。マルクスやラートブルフ、丸山眞男なども引用しながら、「法の世界にすみかを見つけようとする者」として、法が権力の侍女としての性格を帯びつつ、人民の力にもなりうること、そのような法の性格を見据えながら、実践を重ねていくという決意が熱く語られています。宮里の若き法律家として赤裸々な認識を示す文献としてとても貴重なものといえます。

法律を学び始めて以来ずっと、僕は法のもつ二つの顔を見続けて来たような気がする。時として、この二つの顔は二重写しになって僕の目に映る。

一つは、法律への不信と疑問を僕に抱かせる顔であり、他の一つは、法律のもつ力への信頼を与えてくれる顔である。法律は二重人格者であるというのが、現在の僕の考えである。

「哲学者たちは世界を解釈したにすぎない。大切なことはしかし、それを変えることである。」（マルクス「フォイエルバッハに関するテーゼ」）法の二重人格性を頭に浮かべつつ、このマルクスのテーゼを法の問題に類推適用して、法の認識と法の実践ということを考えてみようと思う。

「立法者は人間というものについて、極端に苦労性の悲観主義者である」とはラートブルフの言葉である。……法律は時として全くと言ってよい程、無力である。法律は、本質的に保守的なものである。法の実践には、法の持つ権力の侍女性の認識を伴わなければならない。法の限界性を強調することは、勿論、法無価値論、法否定論に通ずるものではない。ただ、認識しうる者こそ、よく実践しうるということであるにすぎない。

少なくとも法の世界にすみかを見つけようとする者は、法が多かれ少なかれ宿命的に立っている実証主義への引力の場で、いかに理想と現実を調和するかに苦悩しなくてはならない。

法のイデオロギーは保守主義であるが、イデオロギーとしての保守主義は時により機能的には革新的である。……憲法の措定する価値と現実とが厳しい緊張関係を持っている今日の状況で、このことは妥当している。

護憲の要求は、現実政治の批判の尺度となり、革新的エネルギーを集結しつつある。「法律ではそうなっているが、実際には……」というのが、我々をとりまく法状況である。……法の認識から、法の実践に進まなければならない。法がどう「する」かが問題である。……「日本の近代の『宿命的』な混乱は一方で『する』価値が猛烈な勢いで浸透しながら、他方では強じんに『である』価値が根をはり、そのうえ『する』原理をたてまえとする組織がしばしば『である』社会のモラルによってセメント化されてきたところに発している」(丸山眞男『日本の思想』)

法の世界においては、「する」価値が「である」価値に対して優位性をもたなければならない。

弁護士に必要なのはクールヘッドとウォームハート、そして心のゆとりが必要

大事なのは冷静な頭脳、つまりクールヘッドです。冷静に法律論を展開し、事実を把握することが必要です。それに、権利をどう守っていくかの熱い志、つまりウォームハートが必要です。労働者とできるだけ密な関係を持ち、話をする。ときには原稿を書いたり、世の中に訴えたりすることも大切です。(『月刊弁護士ドットコム』二〇一八年一一月より)

この、Cool Head, but Warm Heart という言葉は、経済学者であるアルフレッド・マーシャルのことばです。ケインズの師であるマーシャルは、ロンドンの貧民街にケンブリッジ大学の学生たちを連れて行き、「経済学を学ぶには、理論的に物事を解明する冷静な頭脳を必要とする一方、階級社

会の底辺に位置する人々の生活を何とかしたいという温かい心が必要だ。」と述べたと言います。

まさに、宮里先生には、冷静な頭脳と暖かい人間性の両方が備わっていたと言えます。宮里先生は、こんな言葉も残しています。

幸い、これまで一日も入院したことがありません。事件と直結するわけではありませんが、仕事から離れる時間も大事ですね。僕はダジャレが大好きなんです（笑）。ダジャレを思いついたらすぐにメモしますし、落語も好きだし、音楽も聴く。弁護士自身にゆとりがないと、依頼者に対してぞんざいな態度をとるなど、事件処理ができなくなってしまう。何をするかは人それぞれですが、そういったことも必要ですよね。

弁護士の一生は最初の一〇年で決まる

新人弁護士秦雅子さんを迎えて。

フレッシュな新しい仲間を迎えることができ、喜んでいます。三一年前の四月、高ぶる気持ちを抑えられず、弁護士として第一歩のスタートを切ったことを思い出します。弁護士になった年は、日韓条約反対、ベトナム戦争反対などのデモが毎日のようにどこかで行われ、一方中小企業のはげしいストライキ闘争が都内各地で展開され、接見、勾留理由開示の日々であったことをなつかしく思いおこしています。

「弁護士の一生は最初の一〇年で決まる」と事務所の先輩弁護士から言われましたが、この言葉を秦さんに伝えます。（一九九六年四月一九日　共同通信）

「共同通信」とは、私（秦）が入所した頃、ほぼ週刊で発行されていた事務所内新聞です。各弁護士の手書きの近況報告を貼り付ける形で作られていました。右記は私が入所した直後の「新人歓迎号」でいただいた言葉です。

当時、私は毎日毎日、新しい仕事が楽しくて、興味のあることは何でも参加していましたので、正直に申しますと、一〇年経った時の自分など、まったくイメージできませんでした。

この記事を読むと、むしろ宮里先生の最初の一〇年、いかに夢中で労働弁護士の道を歩まれていたか、その礎の上に今がある、との充実感が伝わってきます。

この言葉は、「一〇年間熱中したら楽しいよ」という意味だったのだと受け止めています。

宮里先生には一〇年で何かを成し遂げなければならないと他人をテストするような面はまったくありませんでした。他の弁護士の取り組む人権事件について、大小、優劣、優先順位などまったく感じさせず、事務所に歓迎し、意義深い事件だと共感し愛し、リスクも含めて受け入れ、放っておいてくれました。私はいつも、宮里先生は、価値観を押しつけない、「支配しない」希有なリーダーだと感じていました。

一〇年経っても二五年経っても堂々巡り・紆余曲折している私を今も叱咤激励して下さっていると思っています。

判例を実質的に創るのは、主張を証拠で裏づける弁護士の訴訟活動である

――労働判例の意義と役割およびその限界

宮里先生は、実に多くの本を書かれました。その一端は、巻末の著作リストを見ていただいてもわかります。多くの本は、労働組合員もしくは、労働弁護士向けに書かれた実務書です。『はたらく人のための労働法（上）（下）』（労働大学出版センター、二〇一四年）や『就活前に読む――会社の現実とワークルール』（旬報社、二〇一一年）という、一般の労働者、さらには就職前の大学生・高校生向けに書かれた本まであります。とりわけ目立つのは、不当労働行為制度、労働委員会制度に関する著作です。

労働者・労働組合の団結、その保護手段である不当労働行為制度、その実施機関である労働委員会制度を日本の社会に深く根付かせることが、宮里先生の終生のテーマであったことがわかります。

もう一つのジャンルは、判例の解説をした本です。その中でも、労使の視点で判例を読み解いた

共著『改訂版　労使の視点で読む最高裁重要労働判例』（産労総合研究所、二〇一〇年）は、異色の一冊であるといえるでしょう。最高裁の重要労働判例について、労働者側から宮里弁護士が、使用者側から高井伸夫・岡芹健夫弁護士が解説を書き、これに元最高裁判事である千種秀夫弁護士がコメントを付すという構成になっています。議論がかみ合って、どこに労使の判例理解の相違があるかが浮かび上がるという面白い構成となっています。

この本のまとめとして宮里先生は「労働判例の意義と役割およびその限界」と題した一文を寄せています。短い文章ですが、考え抜かれた判例法理への見解が示されています。以下に要約して紹介することにしましょう。

判例の射程と時代的制約

「裁判規範として提示された内容をどう理解するか、ことにその適用範囲（射程）をどうとらえるかという問題があり、判例の読み方をめぐって見解が対立する場合がある。」

「例えば、労組法七条の不当労働行為上の使用者性について判断した判例に朝日放送事件判決（最三小判平七、二、二八労判六六八号一一頁、本書二三七頁）がある。同判決の判断基準の適用をめぐっては、親会社などの使用者性の判断基準としてもそのまま適用されるべきかについては見解が分かれる。

判決が述べるところからすれば、使用者性の判断について一般的基準を示したようにも読めるが、当該事案が社外工に関するものであるという事実関係を前提にすれば、同判決は使用者性について一般的な判断基準を示したものとはいえないという読み方も十分に可能である。」

「国鉄の分割民営化に伴うＪＲ採用差別不当労働行為事件において問題となった国鉄の承継法人であるＪＲの使用者性について、ＪＲ東日本・日本貨物鉄道・ＪＲ東海（不採用）事件（東京高判平一二、一一、八労判八〇一号四九頁）等の下級審判例は、朝日放送事件判決の判断枠組みを用いたが、ＪＲ東日本・日本貨物鉄道・ＪＲ東海（国労本州）事件（最高裁一小判平一五、一二、二二労判八六四号五頁）で最高裁は、同判決を引用せず、国鉄改革法の解釈によってＪＲの使用者性の有無について判断している。最高裁は、同事件について、朝日放送事件の

判断枠組みを用いるのは妥当ではないと考えたことによると思われる。」

「判例には、時代的制約があることにも留意すべきであろう。社会現象は時代とともにさまざまに変化する。労働のありようも、労使関係も、労使の意識も、労働立法も変わる。判例、ことに最高裁判決が出るまでには、争われた事件の発生から一〇年以上を経過していることも少なくない。判例が出る頃には、状況が大きく変わっているとすれば、当該判例は、過去の事件に関する判断としては妥当であっても、その後も規範としての妥当性（先例的価値）をもつとは限らない。例えば、東亜ペイント事件（最二小判昭六一・七・一四労判四七七号六頁、本書七七頁）は、使用者の転勤命令権を大幅に認める法理を示したものであるが、判決が出されたのは昭和六一年である。判決後二〇年余を経て、育休法が制定され、労働契約上家族関係への配慮義務が求められるようになった現在においても、なお妥当な判例法理として、説得性を持っているといえるか、疑問である。」

判例の労働問題実務への影響

「労働判例は、本来、労使紛争解決のための裁判規範であるが、労使関係を実際上規律する行為規範としての機能を持つ。例えば、企業が整理解雇をしようとする場合には、いわゆる判例法理としての整理解雇四要件を考慮してその実施策を検討することになるであろうし、また、就業規則によって労働条件を不利益に変更する場合については、就業規則による労働条件変更に関する判例法理の検討が必要になるであろう。一方、労働側からしても、判例法理は、整理解雇について、あるいは労働条件の不利益変更について、どのように対処するか、それが実施された場合に裁判で争いうるか、争った場合に勝訴の可能性があるか否かの重要な判断基準となることはもとより、団体交渉の場面でどのようなことが交渉事項になるかという点に関しても重要な示唆を与えることとなる。

例えば、整理解雇の四要件のひとつとして問題となるのは、『労働者・労働組合の納得が得られるよう説明・協議をしたか』という点であるが、具体的に何を協議すべきかといえば他の三つの要件にかかわる人員削減の必要性やその程度、解雇回避努力の有無やその方法、解雇の基準ということになり、これらに関する使用者側からの説明や資料の提出、あるいは、労働組合側の反対主張や対案などについて交渉が行われることになる。」

「就業規則による労働条件の変更についても、変更の合理性の有無を判断するにあたっての考慮要素として『労働組合等との交渉の経緯』があげられている。何を交渉するかといえば、労働者が被る不利益の変更程度、変更の必要性の有無・程度、変更内容の相当性、代償措置その他関連する他の労働条件の改善状況等、判例が合理性判断にあたって考慮すべき事情としている点が交渉テーマとなる。」

「それ故に、労働側からすれば労働側にとって厳しい判例が形成されている場合には、実務的対応に苦慮することになる。例えば、転勤についての前掲・東亜ペイント事件判決を前提とすれば、転勤命令が出された場合、転勤に応じなければならないか、拒否するか、労働者は厳しい選択を迫られることになる。

一方、労働者側に配慮したと考えられる判例が存在する場合。当該判例は労働者側の要求を支える有力な根拠となる。例えば、片山組事件判決（最一小判平一〇、四、九労判七三六号一五頁、本書一〇二頁）はそのような判例として位置づけることができよう。」

片山組事件判決は疾病休職後の復職について基準を示した判例です。「建設会社に雇用されて以来二一年以上にわたり建築工事現場における現場監督業務に従事してきた労働者が、疾病のため右業務のうち現場作業に係る労務の提供ができなくなった場合であっても、労働契約上その職種や業務内容が右業務に限定されていたとはいえず、事務作業に係る労務の提供は可能であり、かつ、その提供を申し出ていたときには、同人の能力、経験、地位、右会社の規模、業種、右会社における労働者の配置・異動の実情及び難易等に照らして同人が配置される現実的可能性があると認められる業務が他にあったかどうかを検討した上でなければ、同人が債務の本旨に従った労務の提供をしなかったものと断定することはできない。」というものです。けが、身体的精神的な病気によって、休職となった者の復職が問題となるケースが増えてきています。このようなケースについて、従来の業務に囚われないで、「配置される現実的可能性があると認められる業務が他にあったかどうか」を検討すべきとした、注目すべき判例です。

判例法理の立法化と判例法理なきところの立法化

「平成一九年（二〇〇七年）制定の労契法は、安全配慮義務（五条）、就業規則による労働条件変更法理（一〇条）、出向権濫用法理（一四条）、懲戒権濫用法理（一五条）、解雇権濫用法理（一六条）を立法化しさらに、平成二四年（二〇一二年）の改正労契法は、雇止め法理（一九条）を立法化したが、これらの立法目的は、判例法理の定着化を図るためであった。」

「判例法理は、法律のように公示されるわけではなく、実務における影響力も立法に較べ弱い。加えて、判例法理は裁判所で係争した場合の規範として理解される傾向が強い。とすれば、判例法理の立法化は判例法理をそのまま立法化したものであっても労使関係に与える影響は判例に較べて格段に大きい。何よりも「判例は知らない」といえても「法律は知らない」といえないのが、法律の持つ強みである。

その意味では、判例法理の立法化は有意義なものではあるが、判例法理そのままの立法化（判例のリステイトメント）だけにとどまっている限りは、立法化は所詮判例の追認・確認にすぎないということになり、立法化に期待される規範性強化の意義は弱い。」

「労働契約をめぐっては、判例法理以外にも、立法化すべき課題は少なくない。もっとも、立法プロセスにおいては、労使の利害対立、さらにはさまざまな政治力学が反映されることは避けられない。判例法理の立法化は労使のコンセンサスを得やすいという利点はあるが、本来判例法理なきところにこそ立法化の積極的意義があるとすれば、判例法理の立法化にとどまらず、立法の必要性とその方法を検討したうえで労契法をより充実化するための立法努力が引き続き行われるべきである。この点で平成二四年の労契法の改正において、有期労働契約の規制として、有期労働契約の無期化ルール（一八条）、不合理な労働条件の禁止（二〇条）が定められたことの意義は大きい。」

判例は誰が創るか

「判例は誰が創るのか。判例は当事者の事実上、法律上の主張に基づき、裁判官の判断として示されるものであるとすれば、判例は裁判官が創るものである、ということになる。また学説も判例形成に影響を与える。だが、判例形成に最も大きな影響力を持つのは、係争事件の当事者の主張・立証活動であり、判例を実質的に創るのは、法律的主張を証拠で裏づける代理人弁護士の訴訟活動であるといえる。

判例を創るのは裁判官ではなく弁護士であるという自負が多くの弁護士にはあるのではないか。私は判例を読むとき、当事者や弁護士の労苦や喜び、あるいは無念に思いを馳せることがある。最高裁判例も、個別的労使関係、集団的労使関係を問わず数多く出されるようになったが、未踏の領域も少なくない。また、これまでの最高裁判例には問題があり、判例変更を求めたいものも少なくない。「判例を創る」、「判例を変える」うえで弁護士の役割と責任は大きい。」

宮里先生は、「当事者や弁護士の労苦や喜び、あるいは無念に思いを馳せる」と述べつつ、労働判例をつくるのは、「代理人弁護士の訴訟活動である」と言いきっています。この一言に、労働弁護士一筋に人生を貫いた宮里先生の自負と誇りが込められています。私たち、あとにつづく者は、この言葉を胸に、司法を仕事の場とし、裁判官を説得し、新しい判例をつくり、変えなければならない判例を変えていくために力を傾けたいと思います。

宮里先生は、弁護士になりたての後輩をどのように指導したか

――飯田橋外語専門学校事件の想い出

ここに紹介するのは、飯田橋外語専門学校事件のことです。おそらく誰も知らない事件だと思います。飯田橋外語専門学校は学校法人和洋学園が経営する専修学校でした。この学校には多くの外国人教員が講師として働いていました。

一九七九年四月に賃金の切り下げなどが行われ、教員の不満が高まり、五月に申立人であるAさんら数人の教員が集まり、組合の結成を提案し、①賃金切り下げの撤回、②文書による契約の締結、③時間給を月給に戻すこと、④常勤講師の月給を二〇万円に引き上げることなどを教員会議に諮り、組合の代表をAさん、副代表をBさんとし、学校側との交渉を求めました。

学校側は当初は交渉に応じて、一九七九年九月には専任講師の辞令を交付し、月給を一七万円とさだめ、一定の譲歩を示しました。しかし、一九八〇年一月に、AさんとBさんらの契約更新を拒否する方針を示し、Aさんが申し立てた労働委員会によるあっせんによって、更新拒否の方針が凍結された期間などもあったのですが、結局一九八一年三月に両名の契約の更新が拒否されてしまいました。

一九八一年四月にはAさんは労働委員会への救済を申し立てました。

私（海渡）が弁護士登録したのは一九八一年四月一日です。事務所に出勤するようになった直後に

宮里先生から声がかかり、共同で受任することとなりました。生まれて初めて担当した労働事件で、申立書の作成、準備書面の作成、証人の尋問、最終陳述書の作成を担当しました。宮里先生は、ずっとそばで見ていてくださり、当時書面は手書きでしたので、手書き原稿に宮里先生が赤を入れ、それが和文タイプされて提出されるというやり方でした。尋問については審問の直後に直すべき点について懇切な指導がありました。特に反対尋問については、会社側の証人に、極力けんか腰にならず丁寧に質問をし、会社主張に反する事実を認めさせ、それを梃子に矛盾をついていく手法を学びました。このとき、宮里先生は四二歳、私は二六歳でした。

大先生に指導してもらえることの幸せは後になって思い返して知ることで、当時はただただ夢中でしたが、心から感謝しています。

この事件は、講師の方々が外国籍の方々であり、正式な労働組合の結成があったとみるには書類がそろっていませんでした。そこで、Aさんたちは「組合を結成したのだ」と主張されていたのですが、弁護士としては、労働組合の結成とこれに関連する活動を行ったことに対する不利益取り扱いとして法律構成しました。これは、宮里先生が指示されたことです。組合の結成は教員会議に提案されたり、やり方が普通の労働組合とは違っていましたが、学園はその活動を熟知しており、また当初、書面での契約の要望に対して正式の辞令を発行したり、月額給与が三万五〇〇〇円も増額されていて、労働組合類似の活動が一定の成果を上げていたことは確かでした。このことを反対尋問で明確に認めさせたことが重要でした。

都労委は、我々の主張を認め、学園が「雇用契約の更新を拒否した真の動機は、同人が学校において労働組合の結成ないしこれに関連した活動を行った中心人物であることを嫌悪してなされた」と認め、原職復帰を命ずる救済命令が出されました（一九八四年四月一七日都労委命令）。

事件は中労委で和解となりました。和解交渉では、宮里先生が本人の原職復帰の要望をなだめつつ、初審で勝利していましたから、賃金の未払い分にかなり解決金を上積した内容で和解することができました。Aさんとそのお連れ合いとは、その後もずっと賀状の交換をするような関係で、事件の解決をとても喜んでいただけました。

宮里先生は、この事件のOJTを通じて、後輩の私に労働委員会制度の大切さ、その審理の実際を学ばせ、また依頼者との接し方、その希望のかなえ方を教えてくださったのだと思います。Aさんは、アメリカ生活の長い方でしたが、英語も日本語もとても流ちょうで、審問が終わった後は、有楽町の交通会館の喫茶店で、日米の文化談議に花が咲きました。事件では学校側はAさんの教育に対して難解だとする生徒の不満が高く、教員として不適格という主張もなされました。教材で選ばれているのが、今は思い出せませんが、誰が聞いても難解そうな文学作品で、やばいなと思ったのですが、そうした会話の中で、実態は正反対であることがわかり、学校側の主張に対する有効な反論につながることもありました。命令では、「補助教材とした文学作品は、同作品の中の会話体の多い平易な部分をパラグラフ単位でピックアップしたものであり、また同人は昭和五四年度に教科書に沿って「ワークシート」（練習問題）を作り、これを授業に使用したこと」が認められています。また、成績不良とされた問題点について在職中に注意した事実が認められないことも認定され、Aさんの授業に生徒の水準に合わせた工夫がみられるとして学校側の主張は一蹴されたのです。

個人ひとりによる申立の事件でしたが、組合結成前の諸活動を嫌悪した更新拒否の不当労働行為性が認められた点では珍しいといえるでしょう。副代表のBさんは、自ら申立てに加わらなかったにもかかわらず、毎回の審問に参加してくれました。とても地味な労働事件でしたが、私にとっては宮里先生から直接労働事件の進め方について手ほどきを受けることができるという得難い経験をした、忘れ得ぬ事件です。

後輩弁護士と事務局に伝えたことばの数々

（山口広弁護士）

・昨年の何日だったたか。手帳見ても書いてない。焦って決めたんでした。宮里先生のご家族といっても実際は娘さんの純子さんにご了解いただき、鬼束、海渡と山口の三人で、僕は初めて宮里先生のお宅に伺いました。

先生はソファ椅子に座ったままでした。「身体がだんだん動かなる」と悲しそうでした。お話ししていて先生も私も辛かった。最後にお暇しようとしたとき、山口が例のコートを羽織っているのを見て、宮里先生が、「おっ、コートロイヤー」と言ったんです。「出たー！　だじゃれ！」嬉しかった。少しほっこりして宮里家を後にしました。

（古田典子弁護士）

・私が一番何度も言われたのは、「**古田さん、講演の依頼は絶対に断っちゃダメだよ。講演が一番勉強になる。人に話をすると、自分が何を分かっていなかったかが分かるし質問が来たらもっと考える。僕も新人の時から、宮里くん講演の依頼は絶対に引き受けなさい、勉強になるから、と言われてきたけど、ほんと、そうなんだよ。**」ということでした。

（猿田佐世弁護士）

・**必ず原典に当たりなさい**

・（弁護士報酬を安く請求して嘆いてるときに）**安すぎるくらいの方がいいんだ。その方が、きっとまた依頼が来るよ。**

（海渡雄一弁護士が宮里先生の馴染みの魚料理の店「安芸」にて昼メシを食べながら思い出したことです。聞き取りとコメントは小川隆太郎弁護士がしてくれました。）

・**仕立ての良いスーツを着なさい。依頼者が払っている着手金にはスーツ代も含まれている。**

弁護士が法廷でみすぼらしい格好をすると、一番惨めなのは依頼者だから、ちゃんとしたスーツを来てきなさいと言われたそうです。他の格言はなんとなく海渡先生からも聞いたことがありましたが、この格言は果たして・・・

・**相手方の弁護士とは絶対に喧嘩するな**。
どんな事件も和解の可能性があるので、法廷内ではトコトンやりあってもいいが、期日が終わったらにこやかに挨拶して帰るべきとのこと。

・**打ち合わせが終わった後、一〇分くらいは雑談しなさい**。
そういう雑談の中で弁護のヒントが見つかることがあるそうです。なるほど……。

・**法廷には一〇分前に来て、傍聴席や相手方の様子、法廷の雰囲気を感じ取ってから期日に臨みなさい**。
弁護士が遅れてくると一番惨めなのは依頼者であるし、遅刻しただけで裁判官や相手方に対してハンデとなり、法廷で何を言っても聞いて貰えない可能性があるとのことです。これは海渡先生にも言われたことがあり（海渡先生は一五分前と言っていた）、なるべく実践するようにしています。書面の期限を守りなさいということも宮里先生はよく言っておられましたが、それも同趣旨なのでしょうね。

・**東京高裁には、真夏でもスーツ・ネクタイをしていきなさい**（ただし裁判官もクールビズの時は除く）。
これは時代の変化と共に変わりつつある気がしますが、隙を見せないということでしょうか。

・**起案は先輩に必ず見て貰いなさい。そのための時間を確保できるよう先輩に提出しなさい**。
耳が痛いです、はい。

（花垣存彦弁護士）

・宮里先生が夢に出てきました。その夢の内容とは関係ないのですが、夢を見て、献本されたら必ず感想を書いて著者に送るようにしていると言われていたのを思い出しました。

（村上一也弁護士）

・宮里先生には書面の作成の基本から教えていただきました。作成した書面に細かく赤字を入れていただき、攻撃的な表現には必ず訂正が入り「**弁護士は常に品位のある表現を心がけなければならない**」と教えていただきました。

文章表現のみならず、相手方への対応についても然りです。

宮里先生から直接指導を受けた者として、先生のように、相手方からも常に敬意が払われる弁護士になれるよう、これからも精進してまいります。

（河邊優子弁護士）

・初めて宮里弁護士と一緒に担当した労働審判事件において。

第一回期日当日、待合室で緊張した依頼者が「ああ、緊張する！　先生は緊張することはないんですか？」と尋ねた。実は私も緊張していて、つい「分かります！　私もです！」と返答しそうになっていたところ、それを察したかのように、すかさず宮里弁護士が私を制してこう言われました。「**弁**

護士は緊張なんてしないよ。弁護士が緊張して冷静な判断ができないことがあれば、依頼者が困ることになる。だから弁護士が緊張するなんてことはないんだ。」

クールヘッドとウォームハートの話と重なると思います。

・修習生時代の採用面接の際に。

私のときは、個別面接があり、弁護士がずらっと並んだ会議室に修習生が一人ずつ呼ばれて面接を受けました。真ん中に宮里弁護士がいらして、面接の冒頭で最初に言われたのが、「**あなた、これで『こうべ』さんと読むんですね。では、我々はこれから、あなたのお話を、『こうべを垂れて』お聞きします**（実際に頭を下げる動作をしながら）。」

たしかこれが、私が宮里弁護士から聞いた最初の言葉だったと思います。

面接に来た修習生に対して、あえて謙虚さ溢れるダジャレで対したところが、宮里弁護士っぽいなあと思います。

（**秦雅子弁護士**）

二〇二二年四月三〇日の面会報告記

【とても素敵なホームでした】

・今日はお天気が良く、ホームの内装も素敵で、職員の方々も本当に穏やかで優しかったです。宮里先生がお世話になっていらっしゃる若い女性職員の方にもご挨拶させていただきましたが優しそうでかつしっかりした方でした。
・この場所は息子さんのご自宅から一〇分位で毎日のようにいらしてくださっていて、お散歩にも出られているそうです。
・新聞を読んだり、ラジカセでＣＤをたくさん聞いたりなさっているそうです。
【お話】
・宮里先生は、何より、弁護士としての業務が突然できなくなったことについての無念についてお話されていました。労働弁護士として「六〇年の軌跡」を書くつもりだった、ということや、古川先生と独禁法も扱った新しい訴訟をなさってる途中でいらしたこと、労働法学会で記念講演を依頼されて、弁護士では初めてでとても名誉なことだったができなくなってしまったこと等々。
・この記念講演については、もう頭の中にレジュメができていると話されていました。是非私に口授で書かせて下さいと申しましたが無理とおっしゃってました。
・お会いできたことが嬉しいということは伝わったと思いますが、とても励ましになるような余地はないと感じました。元気に動ける私たちの姿をお見せすること自体、今の先生には酷なこと、という感じでした。

（事務局舩見高根さん）
裁判所からお帰りになって事務所に戻られた時に、いたずらっぽくお笑いになる顔が忘れられません。なにか思いついてひとりほくそ笑んでいたのだろうと、想像します。

以前、事務所の三〇周年パーティのあとだったか、どなたかに「先日のパーティへ行ったら、先生のところの事務局さんはみなさんおきれいですね～」というようなことを言われたとおっしゃって、冗談でもお褒めいただいたのかと思いきや、いつものくすっと笑う感じで、「**まるで、『今宵会う人みな美しき』だね～。**」といわれました。与謝野晶子の歌を引いて、冗談を言われたのです。ほんとに言葉になりませんが、やさしい方でした。

2012年、群馬県への事務所旅行にて

第八章

皆様からいただいた語録

たたかいのしばしの　休み訪《とぶ》らいて　我が身しばめり　白骨の湯

白濁す湯に入《い》りて

しばしまどろめば　頬に冷たき　粉雪の舞う

荒井宏行（長野一般労働組合委員長）

長野一般労働組合シーブイエストヨクラ（セブンイレブンジャパンのフランチャイズ店）争議解決の弁護団、組合関係者の慰労会（二〇〇九年二月二〇日（金）長野県白骨温泉「泡ノ湯」）での二首をご紹介します。

＊しばむ：植物の根で棟を補強すること。

私達の弁論を聴いて考えを改めよ！

――国鉄鹿児島自動車営業所事件・最高裁第二小法廷の弁論から（平成五年六月一一日の判決の一ヶ月前）

石井　将（弁護士、九州労働弁護団、国労弁護団）

一九八七（昭和六二）年の国鉄分割民営化を前に、国鉄当局による「職場規律」の名の下の国労弱体化攻撃が全国的に激しく展開された一九八五（昭和六〇）年七月、国鉄鹿児島自動車営業所において、国労バッヂの取り外し命令に従わなかった国労組合員に対し、本務からはずして、折から営業所構内に降り積った桜島降灰の除去を命じた。

国労組合員側は、これは国労に対する団結破壊であり、かつ、組合員の人格権を侵害する違法な業務命令であって、不法行為に該当するからとして、慰謝料請求訴訟を提起した。

一審鹿児島地裁、二審福岡高裁宮崎支部は、いずれも業務命令権の濫用として国鉄当局に慰謝料支払いを命じた。これに対し、国鉄当局が上告し、最高裁第二小法廷が弁論を開くことを決定した。宮里先生にも弁護団の一因に加わっていただき、私も含めてそれぞれが最高裁の弁論再開を痛烈に批判したが、宮里先生は、最後に弁論に立たれ、その弁論の締めくくりの発言が上記の趣旨であった。

もちろん、最高裁が考えを改めることはなく、一ヶ月後の判決期日を指定して終結したが、判決は破棄自判であり、国労組合員による請求を棄却した。

僕はあのような批判一辺倒は好きではないな。

足りないところはあるにしても、やるべきことはやっているのだから評価すべきことは評価しなければ運動は拡がらないよね。

石田輝正（静岡県労働金庫〈再雇用嘱託職員〉）

宮里先生が基調報告として登壇された集会の帰り道、偶然先生と一緒になり最寄駅まで歩きながら会話した際、集会で挨拶された方がある団体を一方的に批判されたことに対しての言葉（発言）です。

いまや人生九〇年の時代といわれます。
米国には高齢者をたたえる「Sunset is as beautiful as Sunrise」という言葉があるそうです。いしずえ会員のこれからの人生が「ビューティフル」であることを心から願ってやみません。

岩崎　功（いしずえ会、同期同組の弁護士、長野県弁護士会）

司法修習一七期青法協支部は、修習終了に際し、組織を発展的に解消し、一回り枠を拡げて、「いしずえ」会を立ちあげた。六〇年安保組の大兄も私も迷いなく参加し、会員総数は、修了者の約三分の一に達した。

その機関紙が『いしずえ』である。名編集者松浦基之のもと、大兄のような熱心な寄稿者にも恵まれて、刊行を継続し、五三号（二〇一六年四月）に及んだ。大兄の寄稿文は、一七篇になるが、その内の六篇が、遺著『労働弁護士「宮里邦雄」五五年の軌跡』に収められている。最終号の編集長を務めた大兄は、あとがきを次のように締め括っている。

「いまや人生九〇年の時代といわれます。米国には高齢者をたたえる〝Sunset is as beautiful as Sunrise〟という言葉があるそうです。いしずえ会員のこれからの人生が〝ビューティフル〟であることを心から願ってやみません。」

そのようでありたいと、私自身も切に願っているのだが、コロナ禍に続いてロシアのウクライナ侵攻に遭遇するとあっては、『いしずえ－法曹四〇年特集』四五号（二〇〇四年一〇月）に寄せた「身辺のことども」の中の次の一文のほうが、リアルではあるまいか。

「現役でいつまで仕事ができるか。どこで自分の職業生活に終止符を打つべきか。これは定年のない職業の悩みでもある。いまのわが心境は愛読する藤沢周平の名品『三屋清左衛門残日録』の主人公清左衛門がふとつぶやく次のセリフである。

〝日残りて昏るるに未だ遠し〟」

せめてダーティな事態が終末するまで、生き永らえて欲しかった。社会の礎になる志を樹てた仲間として。謹んで哀悼の意を表します。

労使関係は夫婦関係と同様のようなもの

宇高　誠（東武トップツアーズ労働組合中央執行委員長）（旧東急観光労組）

印象に残っている宮里先生のお言葉は、企業内労働組合である以上、「労使関係は夫婦関係のようなものだ」「一つの争い（たとえ裁判でも）でその勝ちにこだわることが正しいかどうかはよく考えて決断した方がよい」というものです。

また、ひどい労働組合攻撃を受けている中、宮里先生は只野靖先生に対して「このような事件の対応をしていれば会社の合法的な労働組合弱体化のやり方はほとんど体験できる。」「まるで労働組合弱体化の玉手箱のようだ」と仰られました。

団結なくして勝利なし

岡田　尚（弁護士、日本労働弁護団、国労弁護団）

①団結なくして勝利なし

国労の大会や集会で何十回も聞いた。

②この年代になっても、『日残リテ昏ルルニ未ダ遠シ』でね。老兵は死なず、出しゃばらずだよ。

藤沢周平の『三屋清左衛門残日録』に寄せて。

③弁護士は、権利闘争において、脇役であり、サポーターであり、アドバイザーである。

宮里さん、福田護さん、私の三人で編集発行した『弁護士たちの国鉄闘争』の序文。私が題名を『弁護士たちの……』としたことに対して、宮里さんから「これでは弁護士が主人公みたいじゃないか。『の』ではなく『と』か『にとっての』か『における』とかに変えてくれ」と注文がきた。私も珍しくこだわった。「国鉄闘争は、私たち弁護団も裁判闘争の代理人を務めただけじゃないじゃないですか、地域共闘の責任者になったり、組織内の意見対立においても心砕き、できること尽くしたじゃないですか」と譲らなかった。最後は「『妻たちの二・二六事件』もあるし、いいか」とお許しが出た。しかし、序文にはちゃんと明記されていた。

規制緩和ばかりが先行している。理由のない有期雇用は規制し、それに反した場合は欧州のように罰則を科すべきだ。

川井　猛（共同通信社編集局ニュースセンター整理部次長）

二〇〇三年六月に初の解雇ルール（解雇権濫用法理を規定）を盛り込んだ改正労働基準法が成立しました。共同通信の労働担当だったわたし（川井猛）は、大型読み物「表層深層」の取材、執筆をし、宮里先生にコメントをいただきました。その際に記事に引用した発言です。改正法には、有期労働契約の上限期間の規制緩和（一年を三年に）も盛り込まれました。コメントは、非正規雇用の増加や、労働者派遣法や時間法制など労働ルールの規制緩和拡大への警鐘だったと思います。

我慢の団結を経て、攻めの団結に転じる。

攻めの団結もあれば、我慢の団結もある。

講話の前に枕あり。

佐藤光夫（東急バス労働組合執行委員長）

人間にはみんなすぐれたところがある。性善説です。

人のすぐれたところを発見するのは得意なんです。

佐藤むつみ（弁護士、若葉町法律事務所、日本民主法律家協会『法と民主主義』元編集長」）

いい弁護士ってのは和解が上手いんだよ。

澤　晶裕（『労働判例』編集長）

弊誌『労働判例』で連載をご一緒に担当された、故・高井伸夫先生を評されたお言葉です。立場を異にする相手について、にやりと苦笑しながら仰っておられました。お互いの「懐に入る上手さ」が感じられるようで、強く印象に残っております。

労・労対立を訴訟に訴えた方は、労働界からは理解されない。

杉下文夫（全自交／KPU時代にお世話になった）

二〇一一年秋に発生した全自交の組織分裂の際、当時の全自交東京地連の一員として相談に伺ったとき、先生はこう述べられて、労・労問題の法廷での解決方策を戒められた。

年ニモ負ケズ

砂川隆久（宮古高校同期生）

私は畏友宮里邦雄君の小学校・中学・高校の同期生ですが、宮古島の同期会や同窓会に対する彼の情熱は並々ならぬものがありました。彼は「都会生活に於ける同窓会・同期会は蓋し砂漠に於けるオアシスのようなものだ」という考えで接しておりました。私も宮古高校の関東地区同窓会の会誌『絆』に彼の「蓋棺録」を寄稿しましたが、東京共同法律事務所と日本労働弁護団におかれましては「宮里語録」を編集されるとのことですので、彼が生前同期生の我々に送ってくれたエールを紹介したいと思います。

一九五八年に宮古高校を卒業して全国に飛び出して行った同期生達は関東と関西を軸にして数年ごとに同期会を開催していましたが、次に紹介する詩は宮澤賢治の「雨ニモ負ケズ」をベースにして生涯現役をモットーとした邦雄君自身と我々同期生に対するエールです。二〇一六年五月二七、二八日にホテルメルパルク横浜で開催された宮古高校十期生同期会で披露されたものです。

年ニモ負ケズ

雨ニモマケズ
風ニモマケズ
年ニモ、衰エル足腰ニモマケズ
東ニ美シイ花ガ咲イタト聞ケバ
行ッテ花見ヲ楽シミ
西ニ美味シイモノガアルト知レバ
出カケテ舌鼓ヲ打ツ
南ニ病ンダ友アレバ見舞ッテ
スグ元気ニナルト励マシ
北ニ逝ッタ友アレバ
俺モ　モウスグ行クカラ
待ッテテクレト悼ム
一日一日ヲ健ヤカニ過ゴス

一日一日ヲ大切ニ生キル
モーロクセズニ生キル
ワタシハ　ソンナ老人デアリタイ

（睡眠時間を削って準備している弁護士に対して）何もわざわざそんな時間に働くことは無いんだ。昼間やれば済むでしょう。

寺尾そのみ（労働組合ネットワークユニオン東京の特別執行委員）

ユニオンと争議当該及び役員個人が係争相手の使用者とその代理人弁護士から名誉棄損で訴えられた際、宮里先生が代理人となってくださいました。事案自体は根拠となる事実も評価も変遷するというグダグダなものでしたが、相談に伺うと宮里先生は、「君たちのところ＝弱小ユニオンの案件は、五件くらいやらないと赤字だからなあ」と苦笑しながら引き受けてくださり、打合せや期日でお目にかかるたびに温かく深いお言葉に接しました。

初回期日、複数の案件が同時に（時間差で）第一回口頭弁論のため、傍聴席に多くの弁護士さんや依頼者が座っており、最初に入廷した若い弁護士が裁判長から提出を求められた補充書面について「どうせ高裁に上がるから、そのときに書く」とトンデモナイことを言い出して延々と押し問答となり、かなりの時間を空費してしまいました。誰もがウンザリし始めたとき、宮里先生が件の弁護士に向かって、「君、いいかげんにしないか!」と一喝。傍聴席のみならず裁判官も背筋を伸ばして瞠目するという、威厳とはまさにこういうものであるかと、本当に貴重な一瞬に立ち会うことができました。

裁判の進行中には、地裁労働部の廊下で待っている間、一緒に受任してくださった同じ事務所の若手の先生と雑談をされることも多かったのですが、そのときに交わされた会話も衝撃的(?)でした。若手の先生が、「こないだ受任した強盗殺人の弁護、出る証拠出る証拠ことごとくこちらに不利で…」と、宮里先生に相談されると、「○○先生、どうしようも無くなったら、最後にはこう言うんだよ。『裁判長、幸いまだ一人しか殺していません』って」。

裁判が佳境に差し掛かると、その○○先生から深夜早朝にメールをいただくことがありました。睡眠時間を削ってのご準備に御礼を申し上げていると、宮里先生が仰るのです。

「○○先生、何もわざわざそんな時間に働くことは無いんだ。昼間やれば済むでしょう」

山のように案件を抱える若手の弁護士の多忙さを宮里先生がご存じないはずはありません。それでも、労働者・労働組合(ユニオン)が弁護士に何かをお願いする際に遠慮したり躊躇したりしないよう、たとえ夜討ち朝駆けであっても対応するから安心して言ってきなさいという、冗談に紛らせた先生のお気持ちが、今思い出しても涙が溢れる程嬉しく有難く、宮里先生は本当にすべての労働者の弁護士でいらしたのだなあ…と、言葉に尽くせぬ感謝と共に、一言一言を嚙みしめています。

権利は、そして法はそこにあるのではなく、権利の確立を求める強い意思と、たたかいの中から生まれる。

中窪裕也（一橋大学名誉教授）

私が翻訳したリリー・レッドベターの自伝『賃金差別を許さない！――巨大企業に挑んだ私の闘い』の書評をしていただいた時の、文中の言葉（『季刊労働者の権利』三〇七号）。この本の真髄を、宮里先生らしく、熱く伝えてくれる。今年の秋に映画が公開される予定で、映画好きだった先生に観ていただけないのが本当に残念だが、あの暖かい声と笑顔は私たちの心の中にいつまでも生き続け、勇気を与えてくれるだろう。

国労は差別と闘うと共に、全社員の目線に立った運動を目指すべきだ。

中村　譲（元国労本部法規対策部）

国鉄分割・民営化（一九八七年）後の国労仙台地本の労働講座で。

僕はネ、労々紛争の代理人は絶対にやらない。

古川景一（弁護士、日本労働弁護団）

1　ナショナル・センター再編時の『労々紛争』について

①宮里語録

「**総評弁護団の中心を担ってきた弁護士の多くが、連合系組合と全労連系組合のどちらかの側について、労々紛争の代理人になっているけど、とっても寂しいことだね。僕はネ、労々紛争の代理人は絶対にやらない。君も労々紛争の代理人をやらないと決めていて嬉しいけど、こういう仲間は、残念ながら殆どいない。今、労働組合は、労働弁護士の一人一人を自分達の味方につくかどうかで選別している。労働組合の顧問をやってきた労働弁護士にとっては、踏み絵を踏まされるような辛い時期がしばらくは続く。けれども、いずれ労々紛争の嵐が通り過ぎれば、どちらの側にもつかなかったことが評価されて信頼を得るときが、きっと来る。そのときまで辛抱だ。**」

②聴いた時期と場面

一九八九年に連合と全労連が発足し、旧総評系の労働組合ではどちらに付くかの内部抗争や組織分裂問題・組合財産等の争奪戦（＝労々紛争）が勃発しました。この時期に、総評弁護団は日本労働弁護団に組織変更を行い、私は日本労働弁護団発足後の最初の事務局長でした。この時期に、宮里先生が私に発した言葉です。

2　御用組合・第二組合と呼ばれる労働組合について

①宮里語録

「一部の学者や一部の弁護士の中には、『御用組合や第二組合なんか潰れた方がいい』とか『ない方がいい』という人がいるけど、それはたいへんな間違いです。現場で働いている労働者にとって、御用組合とか第二組合と呼ばれる組合であっても、組合がありさえすれば、使用者が組合を無視して一方的に好き勝手なことをすることはできなくなりますから、組合がないよりも、組合があった方が何十倍も何百倍も助かります。『御用組合や第二組合なんか潰れた方がいい』とか『ない方がいい』という人は、組合幹部の思想傾向に対する好き嫌いのために、労働者が団結することの重要性を見失っています。どのような団結であっても、組合幹部がどのような思想傾向であっても、労働者が団結できない状態より団結している状態の方がはるかによいのです。」

②聴いた時期と場面

一九七〇年代に、ある企業に存在する総評系の労働組合の変質を図るために、使用者と同盟系組織が分裂活動を行い、第二組合が発足した事件について、労働組合が使用者による支配介入であるとして不当労働行為救済申立を行い、宮里先生がその代理人となって、救済命令を獲得した事件がありました。この事件後、総評系組合は少数派組合となり、複数組合併存状態が続いていました。一九九〇年代末になって、私は、この多数派組合から顧問になって欲しいとの依頼を受け、その際、多数派組合に対し、二つの条件を付けました。一つは、自分は労使紛争の代理人や相談には乗るが、労働組合相互の対立抗争事件の代理人になったり相談に乗ったりはしないこと、もう一つは、私が多数派組合の顧問になることについて、少数派組合の顧問である宮里先生の御意見を求め、その御了解が得られなければ、自分としては引き受けられないことです。この二つの条件を多数派組合が了承したので、私は、すぐに宮里先生の御意見を伺いました。そのとき、宮里先生は、私に対し「是非とも顧問を引受けなさい」と言われ、その理由について、上記のとおり語られました。

3　駄洒落について

①宮里語録

「僕はネ、井上ひさしさんが云う『言葉の引出し』をたくさん持っていたいノ。僕がネ、駄洒落を言うのは、『言葉の引出し』がスムーズに出し入れできるようにしておくためナノ。駄洒落が出るとネ、下手な駄洒落でも、まだまだ自分は大丈夫だって安心して嬉しくなるから、駄洒落が受けようが受けまいが、自分一人で勝手に大笑いするノヨ。」

②聴いた時期と場面

宮里先生と二人で共同受任した全国港湾・港運同盟の不当労働行為救済申立事件（宮里先生の没後の現在も進行中）に着手した二〇一八年以降、コロナ禍が始まる二〇二〇年までの期間のいずれかの時点で、二人で東京共同法律事務所の部屋で事件について打合せ中に、宮里先生が突然、駄洒落を言われて、勝手に一人で大笑いを始め、私が、宮里先生に「先生は、ほんとうに駄洒落や言葉遊びがお好きですね。」と言ったときの宮里先生の言葉です。

なお、駄洒落の中身は全く覚えていません。

沖縄人は、夜逃げに対して、おおらか。酒盛りをして送別する。故郷に二度と戻らぬ覚悟した者に優しい。

国鉄の労組が凄まじい弾圧の中で頑張れるのは、私生活でもお互いが助け合ってきた伝統と団結力があるから。

細江孝雄（情セン労元書記長）

都労委闘争で一一年間お世話になりました。宮里先生と労組との打ち合せ後の飲み会での語録。

少しでも良い条件を得るために取り組むのが組合。

最後は得ることができなくても、どこまで組合が努力してくれたが組合員に取っては大切。

三島久美

上部団体（政労連）の顧問弁護士としてかかわっていただきました。

経歴

一九三九年　大阪市生れ、沖縄宮古島育ち
一九五八年　琉球政府立宮古高校卒業（現沖縄県立宮古高校）
一九六三年　東京大学法学部卒業
一九六五年　弁護士登録。黒田法律事務所（現在の東京法律事務所）入所。東京弁護士会所属。
一九七二年　東京共同法律事務所入所
一九八七～八九年　中央大学法学部非常勤講師
一九九七～二〇〇五年　日本労働法学会理事
二〇〇一～〇三年　早稲田大学法学部大学院非常勤講師
二〇〇五～〇七年　東京大学法科大学院客員教授（労働法、法曹倫理）
二〇〇二～一二年　日本労働弁護団会長

著作

『労働委員会――審査・命令をめぐる諸問題』（労働教育センター）
『労働法実務解説12　不当労働行為と救済―労使関係のルール』（旬報社）
『労働組合のための労働法』（労働教育センター）
『はたらく人のための労働法（上）、（下）』（労働大学出版センター）
『ロースクール演習労働法』（共著、法学書院）

『労働法実務解説6　女性労働・パート労働・派遣労働』（共著、旬報社）
『改訂版　労使の視点で読む最高裁重要労働判例』（共著、経営書院）
『就活前に読む　会社の現実とワークルール』（共著、旬報社）
『実務に効く労働判例精選（第2版）』（編著、有斐閣）
『憲法の危機をこえて』（共著、明石書店）
『労働者の権利　軌跡と展望』（宮里邦雄弁護士活動五〇周年記念出版、旬報社）
『労働弁護士「宮里邦雄」55年の軌跡』（論創社）

あとがき

宮里先生の好きな作曲家はモーツァルトでした。ペールギュントやイ短調のピアノ協奏曲で知られるノルウェーの作曲家グリーグも、モーツァルトが大好きでした。大好きが高じて、モーツァルトのピアノソナタ（ハ長調K545など）に、別のピアノで伴奏ができるように新しいパートを加えて、ピアノデュオ曲まで作ってしまいました。遠の昔に亡くなっていた大好きなモーツァルトと、共演、対話がしたかったのではないでしょうか。

今回の語録集の編集作業は、私たちにとってモーツァルトの作品に音符を加えるグリーグのような気持ちでした。完全無欠で研ぎ澄まされた宮里先生の言葉に、余計な注釈など加えない方がいいかもしれないと悩みつつ、語録を読み込み、自分なりに解説を加えていく作業は、宮里先生と今では叶わない対話をしているような思いでした。二回にわたった宮古島への取材では、先生のルーツや青少年時代を追体験し、先生の愛した南国の風土に接することができました。編集や校正作業では、「ここは、もっと率直に表現した方がいい」、「君の書き方では、読み手に言いたいことが伝わらないよ」、そう、先生から叱咤激励されているようでした。

本書の編集には、主に海渡雄一弁護士をはじめとする東京共同法律事務所弁護士有志、日本労働弁護団の棗一郎弁護士があたりました。特に海渡弁護士の熱意と献身なくして、本書は成り立ちえませんでした。

語録の収集にあたっては、先生の遺した著作や、先生が寄稿した一般紙、雑誌記事、事務所新聞、労働組合機関紙等の公刊物だけでなく、宮里先生の手帳やメモ帳をご遺族からお借りして目を通したり、事務所内で手書きで発行していた「共同通信」、さらには広くご縁のある方から募集したりして、できるだけ多くの語録を所収できるように努めました。労働弁護や沖縄といった先生のライフワークに関する言葉に限定せず、趣味の読書・映画やクラシック音楽さらには食の話、お得意の駄洒落など、多種多様な内容を盛り込みました。

最後になりましたが、タイトなスケジュールにも関わらず、自ら陣頭指揮をとって書籍化に尽力いただいた旬報社の木内洋育社長、素敵なデザインをしていただいた佐藤篤司さん、数々の名語録をお寄せいただいた皆様に改めて感謝を申し上げます。

編集委員一同、この本を手に取っていただいた皆様にとって、本書が宮里先生を偲ぶよすがとなれば幸いです。

そして、天国の宮里先生に、この本を捧げます。ありがとうございました。

二〇二三年六月

宮里先生が長年執務した新宿の事務所の一隅で
この本の製作に携わった一同を代表して　中川　亮

［著者紹介］
海渡雄一（弁護士・東京共同法律事務所）
棗　一郎（弁護士・旬報法律事務所）
秦　雅子（弁護士・東京共同法律事務所）
花垣存彦（弁護士・東京共同法律事務所）
木下徹郎（弁護士・東京共同法律事務所）
中川　亮（弁護士・東京共同法律事務所）

宮里邦雄 かく語りき――労働運動・沖縄・平和

二〇二三年七月一日　初版第一刷発行

編者――宮里邦雄語録編集委員会
装丁――佐藤篤司
発行者――木内洋育
発行所――株式会社 旬報社
〒一六二-〇〇四一 東京都新宿区早稲田鶴巻町五四四
TEL 03-5579-8973　FAX 03-5579-8975
ホームページ https://www.junposha.com/
印刷・製本――中央精版印刷 株式会社

ISBN978-4-8451-1837-3